Catull
Carmina

Ausgewählte Gedichte,
zusammengestellt und bearbeitet von:
Thomas Dold

SCRIPTA LATINA
Herausgegeben von Jörgen Vogel, Benedikt van Vugt und Theodor van Vugt

Best.-Nr. 10902 2

Verlag Ferdinand Schöningh

Bildquellenverzeichnis

Alinari-Anderson: S. 51; Azienda di promozione turistica, Lago di Garda/Sirmione: S. 6, S. 45; Communitá del Garda, Gardone/Riviera: S. 7; dpa: S. 49; © The Munch Museum/The Munch Ellingsen Group/VG Bild-Kunst, Bonn 2001: S. 67; Museo delle Terme, Rom: S. 58; Nationalmuseum Athen: S. 25, S. 62, S. 63; Nationalmuseum Neapel: S. 40; © Soprintendenza Archeologica per la Toscana, Firenze: Titelfoto; Staatliche Antikensammlung, München (Foto: C. H. Moessner): S. 53; Staatliche Münzsammlung, München: S. 54; © Succession Picasso/VG Bild-Kunst, Bonn 2001: S. 66; © VG Bild-Kunst, Bonn 2001: S. 65, S. 68; weitere: Verlagsarchiv Schöningh.

Sollte trotz aller Bemühungen um korrekte Urheberangaben ein Irrtum unterlaufen sein, bitten wir darum, sich mit dem Verlag in Verbindung zu setzen, damit wir eventuell notwendige Korrekturen vornehmen können.

Website
www.schoeningh.de

E-Mail
info@schoeningh.de

Umschlaggestaltung: Anna Braungart

(Verlag Ferdinand Schöningh, Jühenplatz 1, 33098 Paderborn)

Printed in Germany.
Gesamtherstellung: Ferdinand Schöningh, Paderborn.

Druck 5 4 3 2 1 Jahr 05 04 03 02 01

ISBN 3-506-10902-2

Gedruckt auf umweltfreundlichem chlorfrei gebleichten Papier mit 50 % Altpapieranteil.

Dieses Werk folgt der reformierten Rechtschreibung und Zeichensetzung. Ausnahmen bilden Texte, bei denen künstlerische, philologische oder lizenzrechtliche Gründe einer Änderung entgegenstehen.

„virtus scriptaque sola manent"

(Konrad Celtis, epigr. II 46)

Vorwort

Die vorliegende Textausgabe enthält 37 ausgewählte Gedichte Catulls. Mag auch diese Anzahl von carmina relativ umfangreich erscheinen angesichts der knapp bemessenen Zeit, die in der Schule für die Catull-Lektüre zur Verfügung steht, so ermöglicht sie aber dem Unterrichtenden umso besser das Alter, die Interessenlage und den Leistungsstand seiner Schüler zu berücksichtigen. Mit den vorliegenden Gedichten lassen sich besonders die Themenkreise „Liebe", „Spott", „Die Neoteriker" und „Biographisches zu Catull" behandeln.

Die Textauswahl basiert auf folgenden Ausgaben: C. Valerii Catulli carmina, rec. R. A. B. Mynors, Oxford 1958, und Catull, Sämtliche Gedichte (lat./dt.), hrsg. von M. v. Albrecht, Stuttgart 1995.

Neben den einzelnen Gedichten enthält diese Textausgabe:

- eine **Einleitung** zur Person Catulls, zum historisch-politischen Hintergrund und zum soziokulturellen Umfeld des Dichters;
- eine **Einführung in Prosodie, Metrik und Stilistik**;
- **Arbeitsaufträge und Fragen** zu den einzelnen Gedichten, die zur sprachlichen und inhaltlichen Erschließung der Gedichte beitragen wollen;
- **Begleittexte und Bildmaterial**, das zum Vergleichen, Beurteilen und zur eigenen Stellungnahme anregen soll;
- ein **Eigennamenverzeichnis**, in dem sämtliche in den carmina vorkommenden Eigennamen erklärt sind;
- eine **Landkarte** zur geographischen Einordnung der Orte und Gegenden, die in den einzelnen Gedichten genannt sind;
- **Literaturhinweise und Internetadressen** zur weiterführenden Beschäftigung mit der römischen Antike.
- Auch diese Ausgabe der Reihe „Scripta Latina" enthält ein **Lernvokabular**. Darin ist für jedes Catull-Gedicht der vorliegenden Textausgabe der Grundwortschatz erfasst. So ist es möglich, unmittelbar vor der Lektüre eines carmen das entsprechende Vokabular gezielt zu wiederholen, die lexikalischen Probleme zu verringern und im Gegenzug das Textverständnis zu erleichtern. Wer erkennt, dass sämtliche Vokabeln des Lernvokabulars für die folgende Übersetzung genutzt werden können, wird dieses Angebot gerne annehmen.
- Der **sub-linea-Kommentar** ist auf das Lernvokabular abgestimmt. Er enthält die lateinischen Wörter, die nicht im Lernvokabular aufgeführt sind, daneben aber auch sprachliche Hilfen und sachliche Erklärungen.

Inhaltsverzeichnis

Einleitung

1. Historisch-politischer Hintergrund

Die Lebenszeit Catulls (84–54 v. Chr.) fällt zwischen die Diktatur Sullas (82–79 v. Chr.) und die Zeit des Bürgerkriegs (49–46 v. Chr.), der mit der Alleinherrschaft Caesars ein vorläufiges Ende fand.
Diese letzte Phase der ausgehenden Republik war eine Epoche des Umbruchs und innerer Spannungen, in der alte Werte des staatlichen, gesellschaftlichen und privaten Lebens zerbrachen.
Die Republik existierte zwar noch, die staatliche Macht wurde aber immer mehr zum Spielball von Feldherrn, wie Pompeius oder Caesar. Diesen ging es nicht mehr um das Wohl des Staates, sondern um ihre eigenen Machtinteressen, die sie mithilfe von riesigen Privatarmeen durchzusetzen versuchten.
In dem Machtkampf gegen die Aristrokatie und die Senatsherrschaft bildeten Caesar, Crassus und Pompeius 60 v. Chr. das erste Triumvirat, ein Zweckbündnis zur Stärkung ihrer Machtposition. Dieses Abkommen besagte, es solle nichts im Staat geschehen, was einem von ihnen missfalle (Sueton, Caesar 19).
Der zentrale Gedanke des Gemeinwohls, dem nach traditionellem Verständnis die Privatinteressen untergeordnet waren, verblasste immer mehr. Dafür erstarkte der Individualismus und die Bindungen an normgebende Institutionen wie Familie, Religion und Staat begannen sich zu lösen.

2. Biographie

C. Valerius Catullus wurde 84 v. Chr. in Verona geboren und gehörte zu dem patrizischen Geschlecht der Valerii.
Sein Vater hatte Beziehungen zu einflussreichen und mächtigen Männern seiner Zeit, wie z. B. zu Caecilius Metellus Celer, dem Statthalter der Transpadana (Gebiet zwischen dem Po und den Alpen) und Konsul des Jahres 60 v. Chr. Metellus war verheiratet mit einer Frau namens Clodia, die unter dem Namen Lesbia die zentrale Figur in Catulls Liebesgedichten werden sollte. Auch Caesar war des öfteren Gast im elterlichen Hause.
Trotz des Hinweises auf Geldnot (c. 13) besaß die Familie Güter in Tibur und auf Sirmio, einer Halbinsel am Gardasee (c. 31).

Nach Vollendung seines 18. Lebensjahres kam Catull nach Rom. Im Gegensatz jedoch zu dem traditionellen Ausbildungsgang junger Adliger, die eine juristische oder politische Karriere im Blick hatten, widmete sich Catull hier der Dichtkunst.

Catull verbrachte die meiste Zeit seines Lebens in Rom, das zu seiner Wahlheimat wurde (... Romae vivimus: illa domus, illa mihi sedes, illic mea carpitur aetas, c. 68, 34 f.). Aufgrund seiner Herkunft und seines dichterischen Talents fand er in Rom Anschluss an die höchsten Kreise. Mit dem einflussreichen Politiker und Dichter L. Calvus verband ihn eine herzliche Freundschaft (c. 50). Auch mit dem Biographen und Historiker Cornelius Nepos war er bekannt (c. 1).

Im Jahre 57/56 war Catull im Gefolge des Proprätors C. Memmius in Bithynien (Gebiet im Nordwesten Kleinasiens). Auf dieser Reise (c. 46) besuchte er das Grab seines Bruders (c. 101) in der Troas (Landschaft bei Troja).

Nach einer Notiz des Kirchenvaters Hieronymus ist Catull bereits im 30. Lebensjahr in Rom gestorben.

Abbildung der Gegend um den Gardasee mit Sirmio und Verona

In Anlehnung an c. 31, in dem Catull sein Sirmio besingt, hat man dieses Gedicht in italienischer Sprache nachgedichtet und in zwei Steintafeln gemeißelt, die nahe der „Grotta di Catullo" stehen.

Salve! O mia bella Sirmione,
perla e regina delle ville
che lago o mare abbia mai
baciato colla carezza delle
sue onde! Oh con qual gioia
oggi ti rivedo!

Oh me beato che a te ritorno
come torna il pellegrino alla
sua casa desiderata pieno
l'animo ancora delle emozioni
provate. Godo di riposare le
stanche membra.
(C. V. Catullo)

Sei gegrüßt, mein schönes Sirmione,
Perle und Königin der Orte,
die je See oder Meer
geküsst haben mit der Liebkosung
ihrer Wellen. Oh, mit welcher Freude
sehe ich dich heute wieder!

Oh, ich Glücklicher, der ich zu dir
zurückkehre,
wie ein Pilger zurückkommt zu
seinem ersehnten Haus und voll
im Herzen noch von den erlebten
Aufregungen. Ich freue mich, die
müden Glieder
zur Ruhe zu legen.

3. Der Kreis der Neoteriker

Angewidert vom korrupten und skrupellosen Ringen um Einfluss und Vorherrschaft im Staat (c. 52) fand Catull in einem Kreis gleich gesinnter Dichterfreunde eine geistige Heimat und in der Dichtung seine Erfüllung. Zu ihnen zählten u. a. Valerius Cato (Epyllion „Dictynna", Liebesdichtung „Lydia"), M. Furius Bibaculus (Spottgedichte), C. Licinius Calvus (Epyllion „Io") und C. Helvius Cinna (Epyllion „Zmyrna").

Cicero bezeichnete diese Dichter mit ironischem Unterton als poetae novi (orator 161) oder griechisch als neóteroi (ad Att. 7,2,1) – was so viel bedeutet wie ‚die Neumodischen'. In Anlehnung an dieses Wort bezeichnet man heute die Dichter um Catull als Neoteriker.

Modern waren diese Dichter darin, dass sie mit ihrer Dichtung völlig neue Wege in der römischen Dichtung einschlugen. Zur Zeit Catulls galten die Tragödien des Accius (170–85 v. Chr.) und insbesondere die Epen „Bellum Punicum" von Naevius (270–202 v. Chr.) und die „Annales" von Ennius (239–169 v. Chr.) als klassische Werke. Diese breit angelegten erzählenden Darstellungen behandeln Stoffe der römischen Geschichte und repräsentieren das Selbstverständnis des römischen Volkes. Die Neoteriker lehnten diese Werke aus inhaltlichen wie auch aus formalen Gründen als Produkte bäuerischer Plumpheit ab (c. 95).
In Anlehnung an den hellenistischen Gelehrten und Dichter Kallimachos (310–240 v. Chr.) legten die Neoteriker besonderen Wert auf die künstlerische Gestaltung ihrer Gedichte. So achtete man auf den Klang der Laute und den Fluss der Verse, man bemühte sich um überraschende Wortverbindungen und prägnante Bilder und legte großen Wert auf eine bewusste Komposition. Ihre Dichtung ist gelehrt und nimmt entlegene Gegenstände aus der griechischen Mythologie und Poesie auf. Dieses Streben nach künstlerischer Vollendung und Gelehrsamkeit ist das Ziel und das Kennzeichen des poeta doctus.
Catull rühmte in c. 95 seinen Dichterfreund Helvius Cinna, der neun Jahre auf die Vollendung seines Epyllions mit dem Titel „Zmyrna" verwandte. „Feinheit und Ausgefeiltheit, Schönheit und Anmut der Form sollten die Gedichte aufweisen; wohl ausgewogen sollte das Ganze eines Gedichtes sein […]" (W. Eisenhut, S. 116).

Diese intensive dichterische Mühe führte von selbst zur Ablehnung umfangreicher Werke. Stattdessen wählten die Neoteriker literarische Gattungen, die dem Gebot der Kleinheit und des geringen Umfangs entsprachen, wie z. B. Jambus (Spottverse), Epigramm (kurzes pointiertes Gedicht), Elegie (Klagelied) und Epyllion (Kleinepos). Doch damit nicht genug. Diese Formen wurden buchstäblich mit neuem Inhalt gefüllt. An Stelle von historischen Stoffen stellten sie „in provozierender Weise ihre private Welt in den Mittelpunkt der Dichtung" (E. Lefèvre, S. 186). Es ging ihnen nicht mehr um die Darstellung von beispielhaftem Verhalten der Vorfahren oder um Heldenverehrung, sondern um die Schilderung von persönlichen Erlebnissen und Erfahrungen wie Freundschaft und Feindschaft, Glück und Trauer, Liebe und Hass, Freude, Leid und Tod. Charakteristisch für die Neoteriker ist, dass sie Leben und Dichten weitgehend als Einheit empfanden. Sie verstehen ihre Dichtung nicht etwa als Zeitvertreib, sondern als ihren Lebensinhalt (c. 50).

Deshalb beziehen sich die Begriffe lepidum – anmutig, charmant; venustum – reizend, geistreich; tenerum, molle, mollicum – zart, zärtlich; delicatum – sinnlich, reizend; facetum – fein; elegans – elegant; doctum – gelehrt; sal – Witz, Geschmack; iocus, facetiae – Scherz, Witz; otium – Muße, freie Zeit sowohl auf ihre Auffassung von Literatur als auch auf Personen und ihr Verständnis von Leben.

4. Catulls Dichtung

Im Gegensatz zu den Werken der anderen Neoteriker sind Catulls Gedichte so gut wie vollständig erhalten, und zwar in einer einzigen Handschrift aus Verona. Von seinen Dichterfreunden sind uns lediglich Fragmente überliefert.
In seinen carmina verstand es Catull, das artifizielle Spiel der hellenistischen Vorbilder mit persönlichem Erleben zu durchdringen und die inhaltliche Aussage durch die Verwendung verschiedener Versmaße und Stilmittel adäquat zu unterstützen.
Diese Verbindung von Inhalt und Form, die den Kunstcharakter der Dichtung Catulls ausmacht, hatte Vorbildfunktion für die nachfolgenden Dichter und sicherte Catull seinen Platz in der Weltliteratur.
Von Catull sind insgesamt 116 Gedichte (carmina) überliefert, die sich in drei Gruppen gliedern lassen:

- Die **carmina 1–60** sind kleine Gedichte in verschiedenen Versmaßen (polymetrisch).
- Die **carmina 61–68** sind längere Gedichte vor allem zum Thema ‚Hochzeit', in denen sich persönliches Erleben in Gestalten aus der Mythologie widerspiegelt.
- Die **carmina 69–116** sind sämtlich Epigramme, also in Distichen verfasst.

a) Lesbia und die Liebesgedichte

Innerhalb der Catullschen Dichtung sind die Gedichte, die an seine Geliebte Lesbia gerichtet sind, von herausragender Bedeutung.
Der Name Lesbia war in Wirklichkeit ein Pseudonym für eine Frau namens Clodia, die dem patrizischen Hause der Claudier entstammte. Sie wurde wohl 93 v.Chr. geboren und war seit 63 v.Chr. mit Quintus Caecilius Metellus Celer, der 60 v.Chr. Konsul war, verheiratet. Ihr Bruder war der berüchtigte Publius Clodius Pulcher, ein Anhänger Caesars, der als Volkstribun im Jahre 58 v.Chr. die Verbannung Ciceros durchsetzte.
Clodia war nicht nur schön und gebildet, sondern genauso interessiert an geistigen Dingen wie an zahlreichen Liebhabern. Ähnlich wie ihr Bruder, dem intime Beziehungen zu ihr nachgesagt wurden, achtete sie keine Konvention und scheute keinen Skandal.

Catull nannte in Anlehnung an die von ihm verehrte Sappho (ca. 600 v.Chr.), eine griechische Lyrikerin von der Insel Lesbos, seine Geliebte Clodia ‚Lesbia' (c. 11, c. 51). Die Wahl dieses Namens ist eine Anspielung auf die Liebesdichtung der Sappho, darüber hinaus aber eine „Verbeugung vor Lesbias funkelndem Geist" (H. P. Syndikus, Teil 1, S. 25).

Die Liebeslieder sind Ausdruck einer Vielzahl verschiedener Erlebnisse – Erster Eindruck (c. 51), Kontaktaufnahme (c. 2, c. 3), überschäumendes Glücksgefühl (c. 5, c. 7), Liebesschwüre (c. 70), Glückshoffnung (c. 109), Zweifel (c. 72), Vorwürfe (c. 83), Zwiespalt (c. 85), Verachtung (c. 58), Resignation (c. 8, c. 76), Abschied (c. 11) – mit Lesbia.

Bereits in der Welt des griechischen Mythos und der Tragödie treffen wir auf eine große Zahl an Liebesgeschichten, doch noch nie ist ein Dichter vor Catull mit Bekenntnissen selbst erlebter Liebe und Leidenschaft an die Öffentlichkeit getreten. Mit dieser „Apotheose eines Gefühls" (H. P. Syndikus, Teil 1, S. 22) hat Catull der Dichtung einen neuen Bereich erschlossen. Gleichzeitig nahm er mit der Verabsolutierung seiner Liebe eine Position ein, die gegen alles gerichtet war, was in der römischen Gesellschaft als geheiligte Tradition galt (c. 5, c. 7).

b) Spottgedichte

Neben Liebesgedichten verfasste Catull zahlreiche Spottgedichte. Der Rhetoriklehrer Quintilian (35–96 n. Chr.) erwähnt Catull in seiner „Institutio oratoria" nicht als Liebesdichter, sondern als Jambendichter und hebt dessen beißenden Spott (acerbitas) hervor (inst. orat. X 96). Was die Liebes- und Spottgedichte miteinander verbindet, ist die direkte und unverblümte Sprache, die Catulls Gefühle und Empfindungen unvermittelt zum Ausdruck bringt. Catull war gewissermaßen in der Liebe wie im Hass gleichermaßen kompromisslos und radikal.

In den Spottgedichten knüpft sich Catull hochrangige Persönlichkeiten wie auch Zeitgenossen aus dem Volke vor. So geißelt er das Wirken Pompeius' (c. 113), Caesars (c. 29) und die Verschwendungssucht Mamurras, der einer seiner Günstlinge (c. 29) ist. Er verspottet Ciceros pathetischen Stil (c. 49) und auffallende Eigenschaften von Zeitgenossen (c. 23; c. 39).
Besonders in seinen Spottgedichten macht Catull auf den Werteverfall in der römischen Gesellschaft aufmerksam. Unverhohlen nennt er Beispiele und persönliche Erfahrungen, die dem Leser den Verlust von verbindlichen Werten wie fides, pietas, amicitia oder iustitia vor Augen führen (c. 30; c. 73): Wie auf politischer Ebene die Willkür regierte, so herrschte im zwischenmenschlichen Bereich die Beliebigkeit.

Insofern ist das Leiden Catulls an seiner Liebe zu Lesbia auch Ausdruck der Brüchigkeit allgemeingültiger Wertvorstellungen in der römischen Gesellschaft und somit Ausdruck für die Verlorenheit des Individuums in Catulls Zeitalter (vgl. E. Lefèvre, S. 188).

c) Poetologische und biographische Gedichte

Catulls Gedichte über sein Dichtungsverständnis (c. 1, c. 6, c. 40, c. 95) und über den neoterischen Freundeskreis (c. 13, c. 50) verdeutlichen seinen literarischen Standpunkt und vermitteln einen Eindruck seines dichterischen Schaffens im Kreise seiner Freunde. Persönliches Empfinden steht im Mittelpunkt seiner biographischen Gedichte (c. 4, c. 9, c. 31, c. 46, c. 101), die markante Stationen seines kurzen Lebens beleuchten.

5. Wirkungsgeschichte

Catulls Dichtung wurde bereits im Altertum als vorbildlich empfunden. So war er aufgrund seiner formalen Meisterschaft maßgebend für die augusteische Klassik eines Horaz oder Vergil.
Mit seiner Liebesdichtung hat er den römischen Elegikern Gallus, Properz, Tibull und Ovid den Weg gebahnt (vgl. Ovid, trist. IV 10, 51 ff.) und die Liebesdichtung bis in die Neuzeit beeinflusst. Der Satiriker Martial verdankt den Spottgedichten zahlreiche Anregungen.
Auch in unserem Jahrhundert hat Catull zahlreiche Künstler inspiriert. Der Komponist Carl Orff (1895–1982) z. B. schuf 1943 „Catulli Carmina", eine musikalische Rezeption der Lesbia-Lieder.
In Werken des amerikanischen Lyrikers Ezra Pound (1885–1972) stößt man ständig auf Catull und, um nur noch ein bekanntes Beispiel zu nennen, der amerikanische Schriftsteller Thornton Wilder (1897–1975) verfasste den Roman „Die Iden des März", eine Phantasie über gewisse Ereignisse und Personen aus den letzten Tagen der römischen Republik, worin unter anderem Caesar, Clodia und Catull die Hauptfiguren sind.

6. Prosodie

6.1 Im Vergleich etwa zum Deutschen, das durch verschiedenen Atemdruck zwischen betonten und unbetonten Silben unterscheidet (akzentuierendes Prinzip), ist für die lateinische Sprache die Abfolge von langen und kurzen Silben (quantitierendes Prinzip) kennzeichnend.

Die Prosodie beschreibt die Regeln der richtigen Aussprache und der Quantität der Silben.
Wann ist eine Silbe lang (—), wann kurz (◡)?

6.2 Es gelten folgende **Quantitätsregeln**:
Eine Silbe ist lang (—),

a) wenn ihr Vokal lang ist (Naturlänge);
z. B. vivāmus, amēmus (3, 1), patrōna (1, 9), cūra (2, 10).
Lang sind ebenfalls alle Diphtonge: ae, ai, au, oe, oi;
z. B. taedet (73, 4), foedere (76, 3).

b) wenn auf einen kurzen Vokal mehr als ein Konsonant im gleichen oder im nächsten Wort folgt (Positionslänge).
x [ks] und z [ds] gelten als je zwei Konsonanten, qu als einer;
h gilt nicht als selbstständiger Konsonant;
z. B. puēllae (2, 1), īpsum (101, 5), rīxam (40, 4),
vivamūs mea Lesbia (5, 1): -mūsm- positionslang.

c) Alle anderen Silben sind kurz (◡).
Ein Vokal ist kurz, wenn ein weiterer Vokal folgt;
z. B. mĕae (2, 1), bĕatĭorum (9, 10).

d) Sonderfall: Folgen auf einen kurzen Vokal in demselben Wort Muta (b, p, d, t, g, c) + Liquida (l, r), so kann die Silbe als lang oder als kurz gelten;
z. B. penĕtrabit Indos (11, 2): -ne- kurz;
malae tenēbrae (3, 13): -ne- lang;
ut arbĭtror neque (39, 8): -bi- kurz;
obesus Ētruscus (39, 11): E- lang.

6.3 Mit der Quantität der vorletzten Silbe verbunden ist der **Wortakzent**. Nach dem sog. **Dreisilbengesetz** wird ein mehrsilbiges Wort auf der vorletzten Silbe betont, wenn diese lang ist, auf der drittletzten, wenn die vorletzte kurz ist;
z. B.: lau-dá-mus, lau-dá-vi-mus.

Zweisilbige Wörter werden auf der vorletzten Silbe betont;
z. B.: némo, póssum.

Im Unterschied zu den modernen Sprachen, die bestimmte Silben durch lauteres Aussprechen betonen (expiratorischer Akzent), wurde im Lateinischen eine Silbe durch die Aussprache in erhöhter Tonlage hervorgehoben (musikalischer Akzent). Im Laufe der Zeit begann sich das Sprachgefühl zu wandeln und der Sinn für Quantitäten ging verloren. So hat man sich angewöhnt, jeweils die erste Länge eines Metrums zu betonen. Dieser **Versakzent** heißt Iktus (Schlag).

6.4 Das Zusammentreffen eines Vokals (+m) am Wortende mit einem (h+) Vokal am Beginn des folgenden Wortes nennt man **Hiat**.

In der Regel wird der Hiat vermieden durch die Verschmelzung der beiden Silben (**Synalóphe**).
Bei der Synalöphe gibt es verschiedene Möglichkeiten:

a) **Elision:** Der auslautende Vokal (+m) wird unterdrückt;
z. B. odi et amo (85, 1): i fällt weg. Man liest odet amo.
divum ad (76, 4): um fällt weg. Man liest divad.
modo huc (3, 9): o fällt weg; h gilt nicht als Buchstabe. Man liest moduc.

b) **Aphärése:** Ist das zweite Wort es oder est, wird das e unterdrückt;
z. B. otium … molestum est (51, 13): Man liest molestumst.
res … nulla est (39, 16): Man liest nullast.

c) **Synizése:** Zwei in einem Wort aufeinander treffende Vokale können als eine Silbe gelesen werden;
z. B. de-in-de (5, 9) wird gelesen als dein-de.
un-gu-en-tum (13, 4) wird gelesen als un-guen-tum.

d) **Jambenkürzung:** Eine unbetonte Länge wird als Kürze gewertet, wenn sie einer Kürze folgt. D. h., aus ◡ — wird ◡ ◡;
z. B.: dic nobis: volo te ac tuos amores (c. 6, 16);
d. h.: volo statt volo
nam unguentum dabo, quod meae puellae (c. 13, 11);
d. h.: dabo statt dabo

e) **Hiat:** (vgl. 6.4) In seltenen Fällen wird der Hiat nicht verschmolzen, sondern beibehalten;
z. B.: o factum male | o miselle passer! (c. 3, 16)

7. Metrik

7.1 Aufgrund der Abfolge von kurzen und langen Silben bestand beim Vorlesen von Dichtung und Prosa kein Unterschied.
Während jedoch der Wechsel von kurzen und langen Silben in der Umgangssprache und der Prosa zur Entstehung eines mehr oder weniger

zufälligen Rhythmus führte, war die Sprache der Dichtung gebunden an eine geordnete Abfolge der Quantitäten nach festgelegten rhythmischen Mustern. Diese Gesetzmäßigkeiten definiert die Metrik, die Verslehre. Die Metrik beschreibt das **Metrum** (das Versmaß), die Untergliederung des Verses durch **Zäsuren** (Pausen) und die Verbindung der Verse zu **Strophen**.

7.2 Das **Metrum** ist die kleinste messbare und sich wiederholende Einheit im Vers.
Die Metren, die Catull verwendet, bestehen aus folgenden **Quantitätsverbindungen**:

a) Dáktylus	—́ ◡ ◡	aequora
b) Spondéus	—́ —	multas
c) Jambus	◡ —́	phaselus ille
d) Trochaéus	—́ ◡	otium Catulle
e) Chórjambus	—́ ◡ ◡ —́	unanimis

7.3 Die regelmäßige Abfolge eines Metrums oder mehrerer verschiedener Metren ergeben das **Versmaß** einer **Verszeile**.
Catull verwendet in seinen Gedichten folgende Versmaße:

a) Das Elegische Distichon (Zweizeiler)

Es setzt sich zusammen aus Hexameter und Pentameter.

- Der **Hexameter** besteht aus sechs **Daktylen**, deren letzter um eine Silbe verkürzt ist (katalektischer Vers). Die Schlusssilbe kann lang oder kurz sein (syllaba anceps) ⏓.

  Je zwei Kürzen können durch eine Länge ersetzt werden. Statt des Daktylus kann daher der **Spondeus** stehen.

  Schema des Hexameters:
  — ◡ ◡ | — ◡ ◡ | — || ◡ ◡ | — ◡ ◡ | — ◡ ◡ | — ⏓

  Die häufigste Zäsur (Einschnitt innerhalb eines Metrums) im Hexameter ist die nach der Länge des dritten Metrums, also nach dem ‚fünften Halbteil' (Penthemimerés);

  z. B. Si qua recordanti | benefacta priora voluptas (c. 76, 1).

  Auch die Zäsur nach dem ‚dritten Halbteil' (Trithemimerés) ist oft anzutreffen in Kombination mit dem ‚siebten Halbteil' (Hephthemimerés);

  z. B. Iucundum, | mea vita, mihi | proponis amorem (c. 109, 1).

- Der **Pentameter** ist ein Hexameter, dessen drittes und sechstes Metrum jeweils nur aus der ersten betonten Länge besteht. Der Pentameter hat wie der Hexameter sechs Tonstellen.
  In der ersten Hälfte sind Spondeen erlaubt, in der zweiten Hälfte kommen in der Regel nur Daktylen vor.

  Schema des Pentameters:
  — ◡ ◡ | — ◡ ◡ | — | | — ◡ ◡ | — ◡ ◡ | —

  Beispiel für das elegische Distichon:
  Dicebas quondam | solum te nosse Catullum,
  Lesbia, nec prae me | velle tenere Iovem. (c. 72, 1 f.)

In der vorliegenden Textausgabe bestehen aus elegischen Distichen die Gedichte 70, 72, 73, 76, 83, 95, 101, 105, 109 und 113.

b) Der Hendecasyllabus (Elfsilbler)

Er besteht aus elf Silben. Die ersten beiden Silben bilden meist einen Spondeus — —, manchmal auch einen Trochaeus (— ◡) oder Jambus (◡ —).
Die häufigsten Zäsuren sind nach der sechsten oder nach der fünften Silbe.

Schema des Hendecasyllabus:
— — — ◡ ◡ | — | ◡ — ◡ — ◡̲
— ◡
◡ —

Beispiel:
Cui dono lepidum | novum libellum? (c. 1, 1)

Dieser Vers findet in folgenden Gedichten dieser Ausgabe Verwendung: 1, 2, 3, 5, 7, 9, 13, 23, 27, 40, 43, 46, 49, 50 und 58.

c) Die Sapphische Strophe

Diese Strophenform, die nach der griechischen Dichterin Sappho benannt ist, besteht aus drei elfsilbigen sapphischen Versen und einem **Adoneus** (— ◡ ◡ — ◡).

Schema der sapphischen Strophe:
— ◡ — ◡̲ — ◡ ◡ — ◡ — ◡̲
— ◡ — ◡̲ — ◡ ◡ — ◡ — ◡̲
— ◡ — ◡̲ — ◡ ◡ — ◡ — ◡̲
— ◡ ◡ — ◡̲

Beispiel der sapphischen Strophe (c. 51, 1 ff.):

Ille mi par esse deo videtur
ille, si fas est, superare divos,
qui sedens adversus identidem te
spectat et audit.

Catull verwendet die sapphische Strophe in den Gedichten 11 und 51.

d) Der Jambische Trimeter

Dieser Vers besteht aus sechs Jamben. Die Zäsur steht meist nach der fünften Silbe.

Schema des jambischen Trimeter:
1 2 3 4 5 6
◡ — ◡ — ◡ | — ◡ — ◡ — ◡ —

Beispiel:

Phaselus ille, quem videtis, hospites (c. 4, 1).

Die erste Silbe ist nur in c. 29, 3 und 29, 20 lang.
Aus jambischen Trimetern bestehen die Gedichte 4, 29 und 52.

e) Der Hinkjambus

Dieser Vers ist wie der jambische Trimeter gebaut, außer dass statt des letzten Jambus (◡ —) ein Trochaeus (— ◡) steht. Dadurch scheint der Vers zu ‚hinken'. Wie beim jambischen Trimeter ist auch hier die häufigste Zäsur nach der fünften Silbe.

Schema des Hinkjambus:
1 2 3 4 5 6
◡ — ◡ — ◡ | — ◡ — ◡ — — ◡

Beispiel:

Miser Catulle, desinas ineptire (c. 8, 1).

Aus Hinkjamben bestehen die Gedichte 8, 31 und 39.

f) Der Asklepiadéus maior

Dieser Vers, der nach dem hellenistischen Dichter Asklepiades (ca. 300 v. Chr.) benannt ist, umfasst 16 Silben.

Die ersten beiden Silben sind bei Catull immer lang. Vor und nach dem mittleren Chorjambus — ◡ ◡ — befindet sich meist die Zäsur.

Schema des Asklepiadeus maior:
— — — ◡ ◡ — | — ◡ ◡ — | — ◡ ◡ — ◡ —

Beispiel:
Alfene immemor atque unanimis false sodalibus (c. 30, 1).

Diesen Vers verwendet Catull in c. 30.

8. Stilistik

Die Stilistik befasst sich mit der Frage, welche Ausdrucksweise ein Autor verwendet, um die Aussage eines Textes wirkungsvoll zu betonen. Kam es den antiken Autoren darauf an, die inhaltliche Aussage durch stilistische Wendungen auf formaler Ebene zu unterstützen, so ist die Kenntnis der Stilmittel für den Leser wichtig, um die beabsichtigte Wirkung einer Formulierung zu bestimmen und den Zusammenhang von Inhalt und Form zu erkennen.

Die stilistischen Mittel lassen sich in zwei Gruppen einteilen:
I. Tropen (griech. ‚Wendungen'): Dabei wird ein Wort durch ein vergleichbares Wort aus einem anderen Sinnbereich ersetzt.
II. Figuren: Hierbei handelt es sich um bewusste Veränderungen gegenüber einer einfachen und schmucklosen Ausdrucksweise mittels bestimmter Wortgruppen oder -kombinationen. Man unterscheidet zwischen:
A. Stellungsfiguren,
B. Sinnfiguren.

Im Folgenden sind die Stilmittel aufgeführt, die uns bei der Catull-Lektüre begegnen.

I. Tropen

① **Metápher (Übertragung)**: Ein Wort wird aus seinem eigentlichen Bedeutungszusammenhang in einen anderen übertragen. Beide Bereiche stehen in einem Vergleichsverhältnis, ohne dass ein direkter Vergleich vorliegt, z. B. ‚Flussbett', ‚Haupt der Familie'.
Catull: ardor (2, 8) ‚Glut' steht für ‚Liebesleidenschaft';
cana … saecula (95, 6) ‚grau' steht für ‚die Zeiten überdauernd'.

② **Metonymíe (Wortvertauschung):** Ersetzung eines Begriffs durch einen anderen, der zu ihm in inhaltlicher Beziehung steht, z. B. ‚Jung und Alt' für ‚alle'.
Catull: amores (6, 16) ‚Liebe' für ‚Geliebte': Abstraktum für Konkretum;
arca (23, 1) ‚Geldkiste' für ‚Geld': Gefäß für Inhalt.

③ **Synekdoché (Mitaufnahme eines Ausdrucks durch einen anderen):** Ein Begriff wird durch einen engeren oder weiteren Begriff ersetzt. Am häufigsten ist pars pro toto ‚ein Teil für das Ganze', z. B. ‚ein schlauer Kopf' für ‚ein schlauer Mensch'.
Catull: ad larem nostrum (31, 9) ‚Herd' für ‚elterliches Haus'.

④ **Periphráse (Umschreibung):** Ein Wort wird durch mehrere Wörter umschrieben, z. B. ‚König der Lüfte' für den Adler.
Catull: Romuli nepotes (49, 1) ‚Enkel des Romulus' für ‚Römer'.

⑤ **Litótes (Schlichtheit):** Umschreibung eines positiven Begriffs durch die Negation seines Gegenteils, z. B. ‚non ignorare' für ‚genau kennen'.
Catull: nec ... nolebat (8, 7) für ‚(sie) wollte sehr gern';
non sine (13, 4) für ‚mit'.

⑥ **Hypérbel (Übertreibung):** z. B. ‚Das dauert ja eine Ewigkeit!'
Catull: Mamurram habere quod Comata Gallia habebat ante et ultima Britannia? (29, 3 f.; 17 ff.);
ebenso z. B. (9, 2), (95, 3).

⑦ **Ironíe (Verstellung):** Der Redende sagt das Gegenteil von dem, was er denkt, z. B. ‚Das ist ja eine schöne Überraschung!'
Catull: Catullus ... pessimus omnium poeta (49, 4 f.);
ebenso z. B. (23, 5 f.; 24 f.).

II. Figuren

A. Stellungsfiguren

Die freie Wortstellung des Lateinischen bringt es mit sich, dass der Autor nicht an eine bestimmte Wortfolge (z. B. Subjekt – Objekt – Prädikat) gebunden ist. Diese Freiheit erlaubt es dem lateinischen Schriftsteller, bestimmte Wörter im Vers bewusst so zu platzieren, dass sie hervorgehoben werden. So sind z. B. die Anfangs- und Endstellung im Vers betonte Stellen.

(Figuren der Wortverbindung)

⑧ **Asýndeton (Unverbundenheit):** Wörter oder Wortgruppen werden unverbunden, d. h. ohne Konjunktionen aneinandergereiht, z. B. ‚quadratisch, praktisch, gut'.
Catull: narrantem loca, facta, nationes (9, 7);
ebenso z. B. (51, 9 ff.).

⑨ **Polysýndeton (vielfache Verbindung):** Wörter oder Wortgruppen werden mehrfach durch Konjunktionen verbunden, z. B. ‚Und es wallet und siedet und brauset und zischt'.
Catull: nec minimo … naso, nec … nec … nec … (43, 1 ff.);
ebenso z. B. (23, 11 ff.).

⑩ **Hendiadyoín („Eins durch zwei"):** Ein und dieselbe Vorstellung wird durch zwei Begriffe derselben Wortart ausgedrückt, z. B. ‚bitten und betteln' für ‚inständig bitten'.
Catull: unum atque unicum (73, 6);
ebenso z. B. (76, 20), (83, 4).

⑪ **Enallagé (Vertauschung):** Ein Adjektiv wird nicht dem eigentlichen Bezugswort, sondern einem anderen, meist dem vorausgehenden Substantiv zugeordnet, z. B. ‚mit einem blauen Lächeln seiner Augen' für ‚mit einem Lächeln seiner blauen Augen'.
Catull: gemina teguntur lumina nocte (51, 11 f.);
ebenso z. B. (6, 10 f.), (31, 13), (95, 4).

(Figuren der Worthäufung)

⑫ **Epítheton ornans (schmückendes Beiwort):** Eine vom Inhalt her nicht unbedingt erforderliche Ergänzung (meist Adjektiv) wird einem Nomen beigefügt. Das Epitheton ornans ist Bestandteil des Wortschatzes der episch-tragischen Tradition; z. B. ‚der listenreiche Odysseus', ‚der fromme Aeneas'.
Catull: Arabes molles; sagittiferi Parthi (11, 5 f.).

⑭ **Klímax (Leiter):** Wörter oder Sätze werden im Sinne einer Steigerung angeordnet, z. B. ‚Heute Brot, morgen Fleisch, übermorgen Hummer'.
Catull: manserunt duo, sed creverunt milia in unum singula (113, 3 f.);
ebenso z. B. (8, 15 ff.).

(Figuren der Wortwiederholung)

Viele Figuren der Wortwiederholung werden verwendet, um durch den **Klang der Wörter** den Inhalt zu untermalen.

⑮ **Anápher (Wiederaufnahme):** Wiederholung eines Wortes oder einer Wortgruppe am Anfang von Sätzen oder Satzteilen;

z. B. ‚Ich kam, weiß nicht woher,
Ich bin und weiß nicht wer,
Ich leb, weiß nicht wie lang,
Ich sterb und weiß nicht wann,
Ich fahr, weiß nicht wohin,
Mich wundert's, dass ich so fröhlich bin'.
(Magister Martinus in Biberach, 1498)

Catull: iam … iam … iam … (30, 2 f.);
ebenso z. B. (5, 7 ff.), (29, 1).

⑯ **Epípher:** Wiederholung desselben Wortes am Ende von Sätzen oder Satzteilen; Umkehr der Anapher.
Catull: … renidet … renidet ille … renidet ille … renidet (39, 2–6);
ebenso z. B. (49, 5 f.).

⑰ **Figúra etymológica (Figur mit Wörtern des gleichen Stamms):** Verbindung zweier Wörter des gleichen Stamms, meist Verb und Substantiv, z. B. ‚einen Kampf kämpfen', ‚das Leben leben'.
Catull: it per iter (3, 11);
ebenso z. B. (7, 9).

⑱ **Paronomasíe (Wortumbildung):** Wortspiel durch die Kombination ähnlich lautender Wörter mit verschiedener oder gegensätzlicher Bedeutung, z. B. ‚Lenor spült weich und weiß zugleich'.
Catull: quid moraris mori? (52, 1)

⑲ **Allíteration:** Mehrere aufeinander folgende Wörter beginnen mit dem gleichen Laut, z. B. ‚Meiner Mutter Herz ward wund von Blei'.
Catull: male me marem putatis? (16, 13);
ebenso z. B. (8, 2), (40, 1), (73, 2).

⑳ **Homoiotéleuton:** Mehrere aufeinander folgende Wörter haben die gleiche Endung.
Catull: o, mihi nuntii beati (9, 5);
ebenso z. B. (2, 1), (16, 3).

㉑ **Homoióptoton:** Mehrere aufeinander folgende Wörter haben die gleiche Endung und den gleichen Kasus.
Catull: ista vostra diffututa mentula (29, 13);
ebenso z. B. (29, 17).

㉒ **Onomatopöíe (Lautmalerei):** Akustische Sinneseindrücke werden durch den Lautcharakter der Wörter nachgeahmt;
z. B. ‚Es klappert die Mühle am rauschenden Bach: Klipp, klapp.'

Catull (über das Quietschen des Bettes):
pulvinusque peraeque et hic et ille
attritus, tremulique quassa lecti
argutatio inambalatioque. (6, 9 ff.);
ebenso z. B. (31, 14).

(Figuren der Wortstellung und des Satzbaus)

㉓ **Parallelísmus (übereinstimmende Anordnung):** Satzglieder oder Sätze werden inhaltlich und grammatisch nach dem gleichen Schema angeordnet, z. B. ‚Als ich ein Kind war, redete ich wie ein Kind, dachte ich wie ein Kind, urteilte ich wie ein Kind.'
Catull: (ut) … nec bene velle queat tibi, si optima fias,
nec desistere amare, omnia si facias (75,3 f.);
ebenso z. B. (95, 5 und 7).

㉔ **Chiásmus (Kreuzstellung):** Zwei Satzglieder oder Sätze werden einander spiegelbildlich zugeordnet (a – b, b – a), z. B. ‚Die Kunst ist lang, kurz ist unser Leben'.
Catull: velles dicere nec
tacere posses. (6, 3);
ebenso z. B. (5, 5 f.), (85).

㉕ **Hypérbaton (Überspringen):** Zwei syntaktisch zusammengehörende Wörter (z. B. Substantiv – Adjektiv) werden durch einen Einschub voneinander getrennt.
Catull: Caesaris visens monumenta magni (11, 10);
ebenso z. B. (1, 1 f.), (1, 4), (1, 10), (7, 8).

㉖ **Enjambement (Überschreiten):** Man spricht auch von Zeilensprung, durch den eine syntaktisch zusammengehörende Sinneinheit (Kolon) nicht mit der Verszeile endet, sondern in den nächsten Vers ‚hinüberspringt'. Es entsteht eine Spannung zwischen inhaltlicher und metrischer Gliederung.
Catull: … et ad severos migrate (27, 6 f.);
ebenso z. B. (1, 8 f.), (31, 5 f.; 8 f.).

㉗ **Abbildende Wortstellung:** Der Inhalt wird durch die Wortstellung ungefähr nachgebildet.
Catull (von Lesbia und ihren Liebhabern):
… moechis,
quos simul complexa tenet trecentos (11, 18).

B. Sinnfiguren

㉘ **Antithese (Gegensatz):** Gedanklicher Gegensatz zwischen Wörtern oder Wortgruppen, z. B. ‚Himmelhoch jauchzend, zu Tode betrübt.'
Catull: ... longum subito (deponere amorem) (76, 13);
ebenso z. B. (51, 12), (58, 3 f.).

㉙ **Rhetorische Frage:** Unechte Frage, weil die Antwort in der Frage bereits enthalten ist, z. B. ‚Wen wundert's?'; ‚Wer hätte das gedacht?'
Catull: parum expatravit an parum elluatus est? (29, 16);
ebenso z. B. (9, 11).

㉚ **Oxýmoron (scharf(sinnig) – dumm):** Verbindung zweier sich widersprechender Ausdrücke, z. B. ‚kalte Glut', ‚bittersüß'.
Catull: ... tacitum cubile clamat (6, 7).

㉛ **Vergleich:** Bildliche Umschreibung eines (oft abstrakten) Sachverhaltes durch ‚wie (– so)', ‚als ob', z. B. ‚Er benimmt sich wie ein Elefant im Porzellanladen.'
Catull: amorem velut prati ultimi flos (11, 21);
ebenso z. B. (7, 3–10).

Die Gedichte

carmen 1

Cui dono lepidum novum libellum
arida modo pumice expolitum?
Corneli, tibi: namque tu solebas
meas esse aliquid putare nugas,
iam tum, cum ausus es unus Italorum
omne aevum tribus explicare cartis,
doctis, Iuppiter, et laboriosis.
quare habe tibi, quidquid hoc libelli
qualecumque; quod, o patrona virgo,
plus uno maneat perenne saeclo.

Versmaß: Hendecasyllabus.

1 **lepidus, a, um** zierlich; witzig, geistreich – **libellus, ī** Büchlein: Deminutiv von liber; die Deminutivform ist sowohl auf den Umfang als auch auf die kleine Form der Gedichte zu beziehen. Die übliche Form des Buches in der Antike war eine Papyrusrolle. Sie bestand aus zwei Schichten dünner Papyrusstreifen, die auf der Vorderseite horizontal, auf der Rückseite vertikal zu einzelnen Blättern verklebt wurden. Nach Trocknung und nochmaligem Glätten klebte man mehrere Blätter zu einer Rolle zusammen. Eine durchschnittliche Papyrusrolle war 6–10 m lang und 25–30 cm breit.

2 **āridus, a, um** trocken – **pūmex, icis** (hier: f.) Bimsstein. Mit Bimsstein wurden die Enden der Papyrusrollen geglättet. Gleichzeitig wird die harte Arbeit des Dichtens angedeutet. – **expolīre** glätten; verfeinern.

3 **Cornēlius**: Gemeint ist C. Nepos (ca. 100–25 v. Chr.).

4 **nūgae, ārum** Possen; (poetische) Nichtigkeiten

6 **aevum, ī** Zeit; Zeitalter – **explicāre** entfalten; erklären – **carta, ae** Seite; Band

7 **Iuppiter**: volkstümlicher Ausruf – **labōriōsus, a, um** mühevoll, voller Fleiß

8 **quārē** (relativer Satzanschluss) daher – **habē tibi** es sei dein eigen, nimm – **hoc libellī** dieses Büchlein. Ergänzen Sie am Ende des Verses sinngemäß est et.

9 **quālecumque** wie auch immer beschaffen – **quod**: relativer Satzanschluss – **patrōna virgo** beschützende Jungfrau. Gemeint ist eine der neun Musen (vgl. c. 105), von der Catull als cliens (Schutzbefohlener) für seine Leistung eine entsprechende Gegenleistung erhofft.

10 **perennis, e** beständig, dauernd – **saeclō** = saeculō

carmen 2

Passer, deliciae meae puellae,
quicum ludere, quem in sinu tenere,
cui primum digitum dare appetenti
et acris solet incitare morsus,
cum desiderio meo nitenti
carum nescio quid libet iocari
et solaciolum sui doloris,
credo, ut tum gravis acquiescat ardor:
tecum ludere sicut ipsa possem
et tristis animi levare curas!

Versmaß: Hendecasyllabus
1 **dēliciae, ārum** Freude; Liebling
2 **quīcum**: Übersetzen Sie wie quōcum – **sinus, ūs m.** Schoß; Busen
3 **prīmus digitus** Fingerspitze
4 Lesen Sie **et cuius acrīs ...** – **morsus, ūs m.** Biss
5 **cum** (immer) wenn – **dēsīderium, ī** Sehnsucht; Verlangen; meint hier die puella – **nitēre** glänzen, strahlen
6 **libet alicui** (m. Inf.) es beliebt jdm. (etw. zu tun) – **iocāri** hier: einen Scherz treiben – **cārum nesciō quid**: Ergänzung im Akk. zu iocari
7 **sōlāciolum, ī**: Deminutivum zu solacium Trost; Deminutivformen sind bei Catull oft Kennzeichen der Liebessprache. Ergänzen Sie in Abhängigkeit von libet eine sinngemäße Verbform.
8 **ut** (finale) – **acquiēscere** zur Ruhe kommen – **ārdor, ōris m.** Glut; Leidenschaft
10 **tristīs cūrās**: meint das Quälende des Liebeskummers.

Spatzmotiv auf dem Knieschutz (Epinetron) einer Spinnerin. Dargestellt ist die Hochzeit der Alkestis, der Gemahlin des thessalischen Königs Admetos, die an ihrem Hochzeitsbett lehnt. Links ist ihre Schwester Asterope zu erkennen, die sich an die Schulter der vor ihr sitzenden Hippolyte anlehnt.
(Rotfiguriges Epinetron aus Euboia, 450–400 v. Chr.)

carmen 3

Lugete, o Veneres Cupidinesque,
et quantum est hominum venustiorum!
passer mortuus est meae puellae,
passer deliciae meae puellae,
quem plus illa oculis suis amabat.
nam mellitus erat suamque norat
ipsam tam bene quam puella matrem,
nec sese a gremio illius movebat,
sed circumsiliens modo huc modo illuc
ad solam dominam usque pipiabat.
qui nunc it per iter tenebricosum
illud, unde negant redire quemquam.
at vobis male sit, malae tenebrae
Orci, quae omnia bella devoratis:
tam bellum mihi passerem abstulistis.
o factum male! o miselle passer!
tua nunc opera meae puellae
flendo turgiduli rubent ocelli.

Versmaß: Hendecasyllabus

1 **lūgēre** trauern – **Venerēs Cupīdinēs**: Plural zu Venus, der Göttin der Liebe, und zu Cupido (griech.: Eros), Gott der Liebe. Der Plural bezeichnet alle Gottheiten der Liebe und Leidenschaft.

2 **venustus, a, um** (lieb-)reizend; geistreich

4 **dēliciae**: vgl. c. 2, 1

5 **oculīs suīs**: Abl. comparationis

6 **mellītus, a, um** (honig-)süß – **suam**: ergänze dominam – **nōrat**: noverat

8 **sēsē**: sē – **gremium, ī** Schoß

9 **circumsilīre** herumspringen, -hüpfen

10 **pīpiāre ad** (m. Akk) (zu jdm.) hinpiepsen

11 **quī**: relativischer Anschluss – **tenebricōsus, a, um** dunkel, finster

13 **vōbīs male sit** (Verwünschungsformel) es soll euch schlecht ergehen – **tenebrae, ārum f.**: Substantiv zu tenebricōsus, a, um

14 **Orcus, ī** Unterwelt – **bellus, a, um** schön – **dēvorāre** verschlingen

16 **misellus, a, um**: Deminutivum zu miser

18 **turgidulus, a, um**: Deminutivum zu turgidus (an-)geschwollen – **rubēre** rot sein – **ocellus, ī**: Deminutivum zu oculus

carmen 4

Phaselus ille, quem videtis, hospites,
ait fuisse navium celerrimus,
neque ullius natantis impetum trabis
nequisse praeterire, sive palmulis
opus foret volare sive linteo.
et hoc negat minacis Hadriatici
negare litus insulasve Cycladas
Rhodumque nobilem horridamque Thraciam
Propontida trucemve Ponticum sinum,
ubi iste post phaselus antea fuit
comata silva: nam Cytorio in iugo
loquente saepe sibilum edidit coma.
Amastri Pontica et Cytore buxifer,
tibi haec fuisse et esse cognitissima

Versmaß: Jambischer Trimeter

1 **phasēlus** Segelboot, Jacht: Es handelt sich hierbei um ein leichtes und schnelles Boot.

2 **āit fuisse … celerrimus** = ait se fuisse … celerrimum

3 **natāre** schwimmen – **trabs, bis f.** Baumstamm; Schiff

4 **nequīre** nicht können – **nequisse praeterīre**: Ergänzen Sie ‚sē' als Akkusativ-Objekt – **palmula** Ruder

5 **foret** = esset – **volāre** fliegen; eilen – **linteum** Leinwand, Segel

6 **negat**: ‚phaselus' ist Subjekt – **minax, ācis** drohend, trotzig – **Hadriāticum** die Adria. Das Adriatische Meer galt aufgrund stürmischer Winde als gefährlich.

8 **nōbilem**: aufgrund der Sehenswürdigkeiten, die viele Reisende anlockten – **horridus, a, um** rau; schrecklich – **Thrācia Propontis** die thrakische Propontis; gemeint ist das Marmarameer zwischen den Dardanellen und dem Bosporus.

9 **Propontida** (Akk. Sg.): das auslautende **‚a'** gilt hier als lang. – **trux, cis** trotzig, wild – **Ponticus, a, um** pontisch – **sinus, ūs m.** Bogen; Bucht – Mit **Ponticus sinus** ist das Schwarze Meer gemeint.

10 **iste post phasēlus**: Das Adverb wird durch die Zwischenstellung zum Attribut.

11 **comātus, a, um** belaubt – **silva** hier: Baum – **Cytōrium iugum**: Der Cytorische Höhenzug in Paphlagonien (kleinasiatische Küstenlandschaft am Schwarzen Meer zwischen Bithynien und Pontos) war reich an Buchsbaum.

12 **loquī** hier: plaudern, flüstern – **sībilus** Rauschen, Säuseln – **coma** hier: Laubwerk, Blätter

13 **Amastri Pontica** und **Cytōre buxifer** sind Vokative. – **buxifer, a, um** Buchsbaum tragend

14 **cōgnitus, a, um** bekannt

ait phaselus; ultima ex origine
tuo stetisse dicit in cacumine,
tuo imbuisse palmulas in aequore,
et inde tot per impotentia freta
erum tulisse, laeva sive dextera
vocaret aura, sive utrumque Iuppiter
simul secundus incidisset in pedem;
neque ulla vota litoralibus deis
sibi esse facta, cum veniret a mari
novissimo hunc ad usque limpidum lacum.
sed haec prius fuere: nunc recondita
senet quiete seque dedicat tibi,
gemelle Castor et gemelle Castoris.

---

15 **ultimā ex orīgine** seit Anbeginn
16 **stetisse dīcit**: Ergänzen Sie ‚sē' als Subj.-Akk. – **cacūmen, inis n.** Gipfel, Spitze
17 **imbuere, ō, imbuī** benetzen – **aequor, oris n.** Meer(esfläche)
18 **impotēns** hier: tosend, wild – **impotentia**: Das auslautende ‚**a**' ist hier lang. – **fretum** Meer, Meeresflut
19 **erus** Herr, Gebieter – **laeva sīve dextera** | **vocat aura** der Wind weht von der rechten oder linken Seite.
20 **Iuppiter**: Als Herr des Himmels ist Jupiter auch für das Wetter zuständig. – **utrumque Iuppiter** | **simul secundus incidit in pedem** Juppiter bläst hilfreich von beiden Seiten zugleich in die Segel. Im Unterschied zum Kreuzen im Wind (V. 19) ist das Segeln in gerader Windrichtung gemeint.
22 **lītorālis, e** Küsten-, der Küste – Bei Gefahren auf See wurden die Schutzgötter der Schifffahrt angerufen und durch Gelübde (vota) gnädig gestimmt.
23 **sibi** = ā sē – **mare novissimum** das fernste Meer
24 **ad ūsque** = ūsque ad bis zu – **limpidus, a, um** klar – **lacus, ūs m.** See. Gemeint ist der Gardasee (vgl. c. 31).
25 **reconditus, a, um** zurückgezogen, verborgen
26 **senēre, eō** altern – **dedicāre** weihen, widmen. Ausgediente Gegenstände, an denen man hing, wurden oft den Göttern geweiht.
27 **gemellus** (Adj./Subst.) doppelt, Zwillings-/Zwilling

carmen 5

Vivamus, mea Lesbia, atque amemus,
rumoresque senum severiorum
omnes unius aestimemus assis!
soles occidere et redire possunt:
nobis cum semel occidit brevis lux,
nox est perpetua una dormienda.
da mi basia mille, deinde centum,
dein mille altera, dein secunda centum,
deinde usque altera mille, deinde centum.
dein, cum milia multa fecerimus,
conturbabimus illa, ne sciamus,
aut ne quis malus invidere possit,
cum tantum sciat esse basiorum.

(Siehe dazu Abbildung im Farbteil, S. 65.)

Versmaß: Hendecasyllabus
1 **vivere** hier: das Leben genießen
2 **rumor, ōris m.** Gerücht, Gerede
3 **ās, assis n.** der As; zur Zeit Catulls römische Münze von geringem Wert – **ūnīus assis**: Gen. pretii abhängig von aestimāre
4 **sōlēs**: Plural, da sich der Auf- und Untergang der Sonne täglich wiederholt – **occidere** untergehen
5 **semel** einmal
6 **dormīre** schlafen
7 **mī** = mihi – **bāsium** Kuss – **dein(de)** als Synizese zu lesen
10 **fecerīmus**: ‚rī' gilt aufgrund des Versmaßes als lange Silbe.
11 **conturbāre** verwirren, durcheinander bringen
12 **nē quis** = nē aliquis

carmen 6

Flavi, delicias tuas Catullo,
ni sint illepidae atque inelegantes,
velles dicere nec tacere posses.
verum nescio quid febriculosi
scorti diligis: hoc pudet fateri.
nam te non viduas iacere noctes
nequiquam tacitum cubile clamat
sertis ac Syrio fragrans olivo,
pulvinusque peraeque et hic et ille
attritus, tremulique quassa lecti
argutatio inambulatioque.
nam nil stupra valet, nihil, tacere.
cur? non tam latera ecfututa pandas,
ni tu quid facias ineptiarum.
quare, quidquid habes boni malique,
dic nobis. volo te ac tuos amores
ad caelum lepido vocare versu.

Versmaß: Hendecasyllabus
1 **dēliciae, ārum** Lust; Liebling
2 **nī** = nisī – **sint**: übersetze als Irrealis der Gegenwart – **illepidus, a, um** unfein; witzlos – **inēlegāns, ntis** geschmacklos, geistlos
4 **nesciō quid** (m. Gen. partitivus) irgendein – **febriculōsus, a, um** fiebrig; leidenschaftlich
5 **scortum** Hure, Dirne – Ergänzen Sie **tē** zu **pudet** (m. Inf.) du schämst dich
6 **viduus, a, um** verwitwet; einsam
7 **nēquīquam** vergeblich, ohne Erfolg, zwecklos – **cubīle, is, n** Bett, Lager
8 **sertum** Kranz – **Syrius, a, um** syrisch. Wohlgerüche aus Syrien waren sprichwörtlich. – **fragrāre** duften, riechen – **olīvum** Öl
9 **pulvīnus** Kissen – **peraeque** (Adv.) völlig gleich, gleichermaßen – **hic et ille** links und rechts
10 **atterere, -terō, -trīvī, -trītum** abreiben, abnutzen – **tremulus, a, um** zitternd – **quatere, quatiō, quassum** erschüttern, schütteln – **lectus** Bett
11 **argūtātiō, ōnis f.** Geschwätzigkeit; Knarren – **inambulātiō, ōnis f.** Wandern; Schaukeln
12 **nīl** = nihil – **stuprum** Hurerei – **vālet** hier: es nützt
13 **ecfutūtus, a, um** ausgebumst – **pandere, ō** ausbreiten, von sich strecken
14 **quid** = aliquid (mit Gen. partitivus) – **ineptiae, ārum** Unsinn, dummes Zeug
15 **quārē** (relativer Satzanschluss) daher – **quidquid** (mit Gen. partitivus)
16 **amōrēs, um m.** Geliebte, Liebste
17 **lepidus, a, um** hübsch; geistreich – **vocāre** hier: heben – **versus, ūs m.** Vers

carmen 7

Quaeris, quot mihi basiationes
tuae, Lesbia, sint satis superque.
quam magnus numerus Libyssae harenae
lasarpiciferis iacet Cyrenis
oraclum Iovis inter aestuosi
et Batti veteris sacrum sepulcrum,
aut quam sidera multa, cum tacet nox,
furtivos hominum vident amores:
tam te basia multa basiare
vesano satis et super Catullo est,
quae nec pernumerare curiosi
possint nec mala fascinare lingua.

Versmaß: Hendecasyllabus
1 **quot** wie viele – **bāsiātiō, ōnis f.** das Küssen
2 **super esse** mehr als genug sein
3 **quam**: Beginn eines Vergleichs, der sich über **aut quam** (V. 7) bis nach **tam** (V. 9) erstreckt – **Libyssus, a, um** lybisch – **harēna** Sand
4 **Cyrenīs**: abl. loci – **lasarpiciferus, a, um** Silphium tragend. Silphium ist eine Heilpflanze gegen Wahnsinn.
5 **ōrāclum**: oraculum Orakelstätte. Setzen Sie **inter** vor oraclum – **Iovis**: Gen. von Iupiter – **aestuōsus, a, um** heiß; hitzig
6 **sepulcrum** Grabmal
8 **fūrtīvus, a, um** verstohlen, heimlich
9 **tē … basiāre**: AcI abhängig von satis et super est – **bāsium** Kuss – **bāsiāre**: Verb zu bāsium
10 **vēsānus, a, um** wahnsinnig
11 **pernumerāre** durchzählen, einzeln zählen – **cūriōsus, a, um** wissbegierig, neugierig
12 **fascināre** behexen, verzaubern

carmen 8

Miser Catulle, desinas ineptire
et, quod vides perisse, perditum ducas.
fulsere quondam candidi tibi soles,
cum ventitabas, quo puella ducebat
amata nobis quantum amabitur nulla.
ibi illa multa cum iocosa fiebant,
quae tu volebas nec puella nolebat,
fulsere vere candidi tibi soles.
nunc iam illa non vult: tu quoque inpotens noli,
nec quae fugit sectare, nec miser vive,
sed obstinata mente perfer, obdura.
vale, puella. iam Catullus obdurat
nec te requiret nec rogabit invitam.
at tu dolebis, cum rogaberis nulla.
scelesta, vae te! quae tibi manet vita?
quis nunc te adibit? cui videberis bella?
quem nunc amabis? cuius esse diceris?
quem basiabis? cui labella mordebis?
at tu, Catulle, destinatus obdura.

Versmaß: Hinkjambus
1 **ineptīre** sich albern, töricht benehmen, ein Narr sein – **perīsse** = periīsse
2 **quod** = ⟨id,⟩ quod
3 **fulsēre** = fulsērunt – **fulgēre, eō, fulsī** leuchten, strahlen – **quondam** früher, einst – **candidus, a, um** strahlend, glänzend
4 **ventitāre** häufig kommen
5 **nōbīs**: Dat. auctoris
6 **iocōsus, a, um** scherzhaft, neckisch
9 **inpotēns, ntis** ohnmächtig, machtlos
10 **quae** = ⟨eam,⟩ quae – **sectārī** nachlaufen, nachjagen
11 **obstinātus, a, um** fest entschlossen, unbeugsam – **obdurāre** hart(-näckig) bleiben, ausharren
14 **nūlla**: prädikativer Gebrauch; statt **nōn**
15 **scelestus, a, um** frevelhaft, ruchlos – **vae tē** wehe dir!
16 **bellus, a, um** schön, hübsch
17 **alicuius esse** (Gen. possessivus) jdm. gehören (als Geliebte)
18 **basiāre** küssen – **labellum** Lippe – **mordēre** beißen
19 **dēstinātus, a, um** bestimmt, entschlossen

carmen 9

Verani, omnibus e meis amicis
antistans mihi milibus trecentis,
venistine domum ad tuos penates
fratresque unanimos anumque matrem?
venisti. o mihi nuntii beati!
visam te incolumem audiamque Hiberum
narrantem loca, facta, nationes,
ut mos est tuus, applicansque collum
iucundum os oculosque suaviabor.
o quantum est hominum beatiorum,
quid me laetius est beatiusve?

Versmaß: Hendecasyllabus

2 **antistāre** voranstehen, den Vorzug haben – **mīlia, ium n.** tausend; römische Meile – **trecentī, ae, a** dreihundert; entweder milibus trecentis (300000) zu amicis oder milibus trecentis (300 Meilen) als abl. mensurae

3 **penātēs, ium** Penaten; Schutzgottheiten der Familie und des Staates

4 **ūnanimus, a, um** einmütig, einträchtig – **anus, ūs f.** alte Frau; Adj.: alt, greise

8 **applicāre collum** um den Hals fallen

9 **iūcundus, a, um** erfreulich, anziehend – **suāviāri** küssen

10 **quantum** (m. Gen. partitivus) wie viel (an)

carmen 11

Furi et Aureli, comites Catulli,
sive in extremos penetrabit Indos,
litus ut longe resonante Eoa
  tunditur unda,

sive in Hyrcanos Arabasve molles,
seu Sagas sagittiferosve Parthos,
sive quae septemgeminus colorat
  aequora Nilus,

sive trans altas gradietur Alpes,
Caesaris visens monimenta magni,
Gallicum Rhenum, horribile aequor ulti-
  mosque Britannos,

Versmaß: Sapphische Strophe

Vorbemerkung:
Das vorliegende Gedicht ist über weite Strecken von einer stilisierten Ausdrucksweise geprägt, die den Wortschatz der episch-tragischen Tradition verwendet. Kennzeichen dieses Stils sind u.a. fremd klingende Eigennamen, schmückende Beiwörter (epitheta ornantia) und poetisch-bildhafte Ausdrücke.

2 **penetrāre** eindringen (in); sich begeben (nach)
3 **ut** hier: wo – **resonāre** widerhallen – **Eōus, a, um** östlich; morgendlich
4 **tundere** stoßen, schlagen
5 **Arabes, um (-ās:** Akk. Pl.) Araber; zur Zeit der Römer Bezeichnung für die Bevölkerung der arabischen Halbinsel. Die Araber waren bekannt für ihre Duftstoffe und galten als molles, weil man damit eine luxuriöse Lebensweise assoziierte.
6 **seu** = sīve – Ergänzen Sie jeweils die Präposition **in** bei **Sagās, Parthōs** (V. 6) und **aequora** (V. 8) – **sagittifer, a, um** pfeiltragend
7 **quae**: Lesen Sie **aequora, quae** – **septemgeminus, a, um** siebenarmig – **colōrāre** färben
8 **aequor, oris n.** Ebene; Meer(esfläche)
9 **gradī** schreiten, gehen
10 **monimentum** = monumentum
11 **Gallicus, a, um** gallisch – **horribilis, e** entsetzlich, schrecklich – **aequor** hier: die Nordsee – **ultimus, a, um** (prädikativer Gebrauch) an der äußersten Grenze der Welt lebend

omnia haec, quaecumque feret voluntas
caelitum, temptare simul parati,
pauca nuntiate meae puellae
non bona dicta.

cum suis vivat valeatque moechis,
quos simul complexa tenet trecentos,
nullum amans vere, sed identidem omnium
ilia rumpens;

nec meum respectet, ut ante, amorem,
qui illius culpa cecidit velut prati
ultimi flos, praetereunte postquam
tactus aratro est.

---

14 **caelitēs, um** die Himmlischen; Götter
17 **moechus** Ehebrecher
18 **complectī, or, complexus sum** umschlingen, umarmen – **trecentī, ae, a** dreihundert
19 **identidem** ständig, unaufhörlich
20 **īlia, ium** Unterleib
21 **respectāre** zurückblicken (auf), denken (an)
22 **prātum** Wiese
23 **ultimus, a, um**: prädikativ zu pratum (vgl. V. 11 f.) – **flos, ōris m.** Blüte, Blume
24 **arātrum** Pflug

carmen 13

Cenabis bene, mi Fabulle, apud me
paucis, si tibi di favent, diebus,
si tecum attuleris bonam atque magnam
cenam, non sine candida puella
et vino et sale et omnibus cachinnis.
haec si, inquam, attuleris, venuste noster,
cenabis bene; nam tui Catulli
plenus sacculus est aranearum.
sed contra accipies meros amores
seu quid suavius elegantiusve est:
nam unguentum dabo, quod meae puellae
donarunt Veneres Cupidinesque;
quod tu cum olfacies, deos rogabis,
totum ut te faciant, Fabulle, nasum.

Versmaß: Hendecasyllabus
1 **cenāre** speisen, essen – **mī**: Vokativ von meus
2 **dī** = deī – **favēre** (m. Dat.) gewogen sein, gnädig sein
4 **cēna**: Substantiv zu cenare (V. 1) – **candidus, a, um** weiß, strahlend – **puella**: ein Mädchen, das die Gäste mit Musik unterhält
5 **vīnum** Wein – **sāl, salis m.** Salz; Witz – **cachinnus** lautes Lachen
6 **inquam**: dient der nachdrücklichen Wiederholung von si (V. 2) – **venustus, a, um** reizend; geistreich – **noster**: Pluralis modestiae
8 **sacculus** Geldsäckchen, Geldbeutel – **arānea** Spinne; Spinnwebe
9 **merus, a, um** ungemischt, rein – **amōrēs** hier: Liebesbeweise
10 **seu quid** = sīve (ali)quid – **suāvis, e** süß, lieblich – **ēlegāns, ntis** geschmackvoll, fein
11 **unguentum** Salbe, Salböl. Die Sitte sich zu salben, auch beim Gelage, war vom Orient über Griechenland nach Rom gekommen. – **puella**: Gemeint ist Lesbia, Catulls Geliebte.
12 **donārunt**: donāvērunt – **Venerēs Cupīdinēsque** alle Göttinnen und Götter der Liebe (vgl. c. 3, 1)
13 **olfacere** riechen
14 **nāsus** Nase

Bronzener Spiegel mit Aphrodite und Eros, 4. Jh. v. Chr.

carmen 23

Furi, cui neque servus est neque arca
nec cimex neque araneus neque ignis,
verum est et pater et noverca, quorum
dentes vel silicem comesse possunt,
est pulcre tibi cum tuo parente
et cum coniuge lignea parentis.
nec mirum: bene nam valetis omnes,
pulcre concoquitis, nihil timetis,
non incendia, non graves ruinas,
non facta impia, non dolos veneni,
non casus alios periculorum.
atqui corpora sicciora cornu
aut siquid magis aridum est habetis
sole et frigore et esuritione.

Versmaß: Hendecasyllabus
1 **arca** Geldkiste, Kasse
2 **cīmex, icis m.** Wanze, Ungeziefer – **arāneus** Spinne, Spinnengewebe
3 **noverca** Stiefmutter
4 **silex, icis m./f.** Kiesel(stein) – **comēsse** = **comēdere** essen, verzehren
5 **est pulcrē tibi** du lebst prächtig; **pulcrē** = pulchrē – **parēns, ntis m.** Vater
6 **līgneus, a, um** hölzern
7 **nec mīrum**: ergänzen Sie ‚est'
8 **concoquere** verdauen
10 **dolus** List, Tücke
12 **siccus, a, um** trocken
13 **sīquid** = sī aliquid – **āridus, a, um** trocken, dürr
14 **sōle et frīgore**: Ihre Armut zwingt sie, sich der Hitze und Kälte mehr auszusetzen. – **ēsurītiō, ōnis f.** Hungern, Hungerleiden

quare non tibi sit bene ac beate?
a te sudor abest, abest saliva,
mucusque et mala pituita nasi.
hanc ad munditiem adde mundiorem,
quod culus tibi purior salillo est,
nec toto decies cacas in anno,
atque id durius est faba et lapillis;
quod tu si manibus teras fricesque,
non umquam digitum inquinare posses.
haec tu commoda tam beata, Furi,
noli spernere nec putare parvi,
et sestertia quae soles precari
centum desine: nam sat es beatus.

---

15 **quārē?** warum? – **tibi bene sit ac beatē**: vgl. Anmerkung zu V. 5

16 In der Antike glaubte man, dass alle Ausscheidungen des Körpers von der Nahrung herrührten. – **sūdor, ōris m.** Schweiß – **salīva** Speichel

17 **mūcus** Schleim, Rotz – **pītuīta** Schnupfen – **nāsus** Nase

18 **munditiēs, ēī f.** Sauberkeit, Reinheit – **mundus, a, um**: Adjektiv zu ‚mundities'

19 **cūlus** Hintern, Arsch – **salīllum** Salzfässchen. Auf ein sauberes Salzfass legten die Römer besonderen Wert.

20 **deciēs** zehnmal – **cacāre** kacken

21 **faba** Bohne – **lapillus** Steinchen

22 **terere, ō** (zer)reiben – **fricāre** zerkrümeln

23 **digitus** Finger – **inquināre** beschmutzen

25 **spernere, ō** verschmähen, verachten

26 **sēstertia, ōrum n.** tausend Sesterzen. Der Sesterz war eine römische Münze, etwa 0,10 Euro.

27 **sat** = satis

carmen 27

Minister vetuli puer Falerni
inger mi calices amariores,
ut lex Postumiae iubet magistrae
ebrioso acino ebriosioris.
at vos quo lubet hinc abite, lymphae,
vini pernicies, et ad severos
migrate. hic merus est Thyonianus.

Das Bild zeigt eine Gelageszene aus Herkulaneum (70 n. Chr.). Ein halb nackter junger Mann sitzt auf einer Kline (Liege) und hebt ein Rhyton (Trinkhorn), um daraus zu trinken. Vor ihm befindet sich eine junge Frau, die ein schleierartiges Gewand über ihrem Oberkörper trägt. Vor der Kline steht ein Tischchen mit Trinkbecher, Mischkrug und Schöpfkelle. Im linken Bildhintergrund ist eine Dienerin zu erkennen, die der Frau ein Kästchen überreicht.

Versmaß: Hendecasyllabus
1 **minister** Diener; Gehilfe – **vetulus, a, um** ziemlich alt – **puer** hier: jung(er Mann) – **Falernum** Falerner Wein; berühmter und kostbarer Wein aus Kampanien
2 **inger**: Imperativ von **ingerere** einschenken – **mī** = mihi – **calix, icis m.** Becher – **amārus, a, um** herb. Es war üblich, den Wein mit Wasser zu mischen. Verzichtete man auf Wasser, trat das Herbe des Weines umso stärker zutage.
3 **Postumia**: Dame der römischen Gesellschaft, die den Vorsitz (magistra) beim Gelage innehat. – **magistra** Herrin, Leiterin
4 **ēbriōsus, a, um** betrunken, voll – **acinus** Weinbeere, Traube
5 **lubet** es beliebt, gefällt – **lympha** klares, reines Wasser
6 **vīnum** Wein
7 **migrāre** auswandern, wegziehen – **merus, a, um** rein, unvermischt – **Thyōniānus**: Beiname des Dionysos, römisch Bacchus, Gott des Weines bezeichnet hier den reinen Wein.

carmen 29

Quis hoc potest videre, quis potest pati,
nisi impudicus et vorax et aleo,
Mamurram habere, quod Comata Gallia
habebat ante et ultima Britannia?
cinaede Romule, haec videbis et feres?
et ille nunc superbus et superfluens
perambulabit omnium cubilia,
ut albulus columbus aut Adoneus?
cinaede Romule, haec videbis et feres?
es impudicus et vorax et aleo.
eone nomine, imperator unice,
fuisti in ultima occidentis insula,
ut ista vestra diffututa mentula
ducenties comesset aut trecientes?

Pompeius um 50 v. Chr.

Versmaß: Jambischer Trimeter
1 **impudīcus, a, um** schamlos, unzüchtig – **vorāx, ācis** gefräßig – **āleō, ōnis m.** Spieler
3 **Mamurra**: Günstling Caesars, der sich als Offizier bei der Eroberung Galliens maßlos bereicherte. – **Comāta Gallia**: Gemeint ist Gallia Transalpina (Gallien jenseits der Alpen); Comata (behaart) wurde sie aufgrund der langen Haartracht ihrer Bewohner genannt.
4 **ultimus, a, um** der äußerste, entfernteste; hier: prädikativer Gebrauch – **ultima Britannia**: Beachten Sie hier die Längung des Endvokals **a** vor **br**.
5 **cinaedus** Strichjunge, Schwuler – **Rōmulus**: Stadtgründer Roms; Personen, die sich um den Staat verdient gemacht hatten, wurden als ‚alter Romulus' (zweiter Romulus) bezeichnet. Mit **cinaede Rōmule** ist hier Caesar gemeint.
6 **superfluere** Überfluss haben
7 **perambulāre** spazieren, wandern (durch) – **cubīle, is n.** Bett; Schlafzimmer
8 **albulus, a, um**: Deminutiv zu albus weiß – **columbus** Täuberich. Die Taube galt als Vogel der Venus, der Göttin der Liebe. – **Adōneus**: Adōnis
11 **eō nōmine** hier: zu diesem Zweck – **ūnicus, a, um** einzig(artig)
12 **occidēns, ntis m.** Okzident, Westen
13 **diffutūtus, a, um** verhurt – **mentula** Glied, Schwanz. Catull hat diesen Ausdruck zum Spitznamen Mamurras gemacht (vgl. c. 105).
14 **ducenties ... aut trecenties**: Ergänzen Sie sestertium (100 000 Sesterze). Ein Sesterz hatte einen Wert von ca. 0,10 Euro. – **ducientes** 200-mal – **comesset** = comēderet; **comēdere** (fr)essen – **trecientes** 300-mal

quid est alid sinistra liberalitas?
parum expatravit an parum elluatus est?
paterna prima lancinata sunt bona,
secunda praeda Pontica, inde tertia
Hibera, quam scit amnis aurifer Tagus;
nunc Galliae timetur et Britanniae.
quid hunc, malum, fovetis? aut quid hic potest
nisi uncta devorare patrimonia?
eone nomine, urbis o putissimi
socer generque, perdidistis omnia?

Caesar, Bildnis aus Tusculum. Dieses Porträt gilt als das einzige, das zu Caesars Lebzeiten entstanden ist.

---

15 **alid** = aliud – **liberālitās, ātis f.** Freigebigkeit, Großzügigkeit
16 **expatrāre** vergeuden, verhuren – **(h)elluāri** schlemmen, prassen
17 **paternus, a, um** väterlich – **prīma** hier: prädikativer Gebrauch – **lancināre** zerfleischen; vertun
18 **secunda … tertia**: jeweils prädikativer Gebrauch – **praeda Pontica**: Pompeius hatte 64/63 v. Chr. gegen den König Mithridates von Pontus Krieg geführt.
19 **(praeda) Hibera**: Gemeint ist Caesars Krieg gegen Lusitanien, eine Provinz auf der iberischen Halbinsel, im Jahre 61 v. Chr. – **aurifer, a, um** Gold tragend, führend
21 **malum**: (Ausruf des Unwillens) zum Henker, verdammt – **fovēre** begünstigen, hätscheln
22 **unctus, a, um** fett, üppig – **dēvorāre** verschlingen – **patrimōnium** Erbgut, Vermögen
23 **putus, a, um** rein, sauber
24 **socer generque** Schwiegervater und Schwiegersohn. Gemeint sind Caesar und Pompeius. Caesar gab im Jahre 59 v. Chr. nach der Begründung des Triumvirats seine Tochter Iulia dem Pompeius zur Frau.

carmen 30

Alfene immemor atque unanimis false sodalibus,
iam te nil miseret, dure, tui dulcis amiculi?
iam me prodere, iam non dubitas fallere, perfide?
nec facta impia fallacum hominum caelicolis placent.
quae tu neglegis ac me miserum deseris in malis.
eheu, quid faciant, dic, homines cuive habeant fidem?
certe tute iubebas animam tradere, inique, me
inducens in amorem, quasi tuta omnia mi forent.
idem nunc retrahis te ac tua dicta omnia factaque
ventos irrita ferre ac nebulas aërias sinis.
si tu oblitus es, at di meminerunt, meminit Fides,
quae te ut paeniteat postmodo facti faciet tui.

Versmaß: Asclepiadeus maior

1 **immemor, oris** pflichtvergessen, skrupellos – **ūnanimus, a, um** einträchtig, einmütig – **sodālis, is, m** Gefährte, Freund

2 **nīl** = nihil hier: überhaupt nicht – **mē miseret alicūius** es tut mir leid um jdn., ich bedaure jdn. – **amīculus**: Deminutivform von amīcus; Kennzeichen der Sprache der Liebe

3 **perfidus, a, um** treulos, unzuverlässig

4 **fallāx, ācis** (be)trügerisch, tückisch – **caelicola, ae m.** Himmelsbewohner, Gott

5 **quae**: relativer Satzanschluss

6 **ēheu** weh!

7 **certē** hier: doch – **tūte**: verstärktes tū – **animam trādere** die Seele schenken, sich jdm. anvertrauen

8 **forent** = essent

9 **īdem** hier: gerade; bezieht sich auf das Subjekt

10 **irritus, a, um** ungültig, wertlos – **nebula** Dunst, Nebel – **āërius, a, um** luftig

11 **dī** = deī

12 Lesen Sie: quae faciet, ut tē paeniteat postmodo factī tuī – **mē paenitet alicūius reī** ich bereue etwas – **postmodo** später

carmen 31

Paene insularum, Sirmio, insularumque
ocelle, quascumque in liquentibus stagnis
marique vasto fert uterque Neptunus,
quam te libenter quamque laetus inviso,
vix mi ipse credens Thuniam atque Bithunos
liquisse campos et videre te in tuto.
o quid solutis est beatius curis,
cum mens onus reponit ac peregrino
labore fessi venimus larem ad nostrum
desideratoque acquiescimus lecto?
hoc est, quod unum est pro laboribus tantis.
salve, o venusta Sirmio, atque ero gaude!
gaudete vosque, Lydiae lacus undae,
ridete quidquid est domi cachinnorum!

Versmaß: Hinkjambus

1 **paene īnsula** = paeninsula Halbinsel – **Sirmiō**: Auf der Halbinsel am Südufer des Gardasees hatte Catull ein Landhaus.

2 **ocellus**: Deminutiv von oculus – **liquēns stāgnum** ruhiges Gewässer, See

3 **vastus, a, um** weit – **Neptūnus**: Als Gott der Meere und Binnenseen (uterque) trägt er alle Inseln.

4 **invīsere, ō** erblicken

5 **mī** = mihī – **Bīthūnus, a, um** bithynisch

6 **līquisse** = relīquisse; Ergänzen Sie mē

8 **repōnere, ō** ablegen – **peregrīnus labor** Mühsal in der Fremde

9 **fessus, a, um** müde, erschöpft – **lār, lāris m.** Hausgott; hier metonymisch: Haus, Heim

10 **acquiēscere, ō** ausruhen, zur Ruhe kommen

12 **salvē!** Sei gegrüßt! – **venustus, a, um** lieblich, reizend – **erus** Herr, Hausherr

13 **vōsque** = vos quoque – **Lȳdius, a, um** lydisch, etruskisch. Die aus Lydien stammenden Etrusker waren bis zur Poebene vorgestoßen.

14 **cachinnus** (meist Plural) lautes Lachen, Gelächter

Die Abbildung zeigt uns die Spitze der Halbinsel Sirmio mit Resten einer römischen Villa (1. Jh. vor Chr.), die heute als ‚Grotte di Catullo' bezeichnet wird.

carmen 39

Egnatius, quod candidos habet dentes,
renidet usque quaque. si ad rei ventum est
subsellium, cum orator excitat fletum,
renidet ille. si ad pii rogum fili
lugetur, orba cum flet unicum mater,
renidet ille. quidquid est, ubicumque est,
quodcumque agit, renidet. hunc habet morbum
neque elegantem, ut arbitror, neque urbanum.
quare monendum est te mihi, bone Egnati.
si urbanus esses aut Sabinus aut Tiburs
aut parcus Umber aut obesus Etruscus
aut Lanuvinus ater atque dentatus

Versmaß: Hinkjambus
1 **candidus, a, um** strahlend, schneeweiß
2 **renidēre** vor Freude strahlen, lächeln – **ūsque quāque** immer und überall
3 **subsellium** Bank (im Gerichtssaal) – **flētus, ūs m.** Weinen, Tränen: Der Redner suchte am Ende seines Plädoyers für den Angeklagten, das Mitleid des Publikums und der Richter zu erregen.
4 **pius, a, um** pflichtbewusst, liebevoll – **rogus** Grab – **fīlī** = fīliī
5 **lugēre** trauern, in Trauer sein – **orbus, a, um** kinderlos – **ūnicus, a, um** einzig(artig)
6 **ubicumque** wo auch immer
8 **ēlegāns, ntis** geschmackvoll – **urbānus, a, um** fein; witzig
9 **quārē** (relativer Satzanschluss) daher, deshalb – **monendum est tē mihi** ich muss dich warnen
10 **urbānus** Stadtrömer – **Sabīnus**: Die Sabiner waren im Bergland nordwestlich von Rom ansässig. – **Tīburs**: Tibur (heute Tivoli) war ein Villenort östlich von Rom.
11 **parcus, a, um** sparsam – **Umber**: Die Umbrer bewohnten die Berglandschaft vom östlichen Etrurien bis zur Adriaküste. – **obēsus, a, um** dick(bäuchig) – **Etrūscus**: Die Etrusker lebten in der heutigen Toskana, der sie auch den Namen gaben.
12 **Lānuvīnus**: Bewohner der südöstlich von Rom gelegenen Stadt Lanuvium – **dentātus, a, um** hier: mit weißen Zähnen

aut Transpadanus, ut meos quoque attingam,
aut quilubet, qui puriter lavit dentes,
tamen renidere usque quaque te nollem;
nam risu inepto res ineptior nulla est.
nunc Celtiber es: Celtiberia in terra,
quod quisque minxit, hoc sibi solet mane
dentem atque russam defricare gingivam,
ut, quo iste vester expolitior dens est,
hoc te amplius bibisse praedicet loti.

13 **Trānspadānus**: Die Transpadaner wohnten jenseits des Po (Padus). Catull selbst stammt aus dieser Gegend. – **meī** hier: meine Landsleute
14 **quīlubet** jeder beliebige – **pūriter** (Adv.) = pūre
16 **rīsus, us m.** Lachen – **ineptus, a, um** geschmacklos, albern
17 **Celtiber**: Die Keltiberer lebten in Zentralspanien.
18 **mingere** pissen – Lesen Sie: hōc, quod quisque minxit, sibi solet … – **māne** frühmorgens
19 **russus, a, um** rot – **gingīva** Zahnfleisch – **dēfricāre** putzen
20 **quō … hōc** = quō … eō – **expolītus, a, um** glatt, sauber
21 **bibere** trinken – **praedicāre** verkünden – **lōtium** Urin – **amplius** (m. Gen. partitivus) mehr (an)

carmen 40

Quaenam te mala mens, miselle Ravide,
agit praecipitem in meos iambos?
quis deus tibi non bene advocatus
vecordem parat excitare rixam?
an ut pervenias in ora vulgi?
quid vis? qualubet esse notus optas?
eris, quandoquidem meos amores
cum longa voluisti amare poena.

Versmaß: Hendecasyllabus
1 **quaenam**: **nam** verstärkt die Frage – **misellus, a, um**: Deminutivform von **miser** – **Rāvidus**: Lesen Sie Raude (zweisilbig) anstelle von Ravide (dreisilbig).
2 **īambus** Jambus; hier metonymisch: Spottgedicht
3 **tibi**: Dativus auctoris – **advocāre** an-, herbeirufen; **nōn bene advocātus** zur Unzeit angerufen
4 **vēcors, -cordis** unsinnig, wahnwitzig – **rīxa** Streit, Zank
5 **an** hier: etwa
6 **quālubet** (adv.) wie es beliebt, auf jede beliebige Weise
7 **quandoquidem** da ja, da nun einmal – **amōrēs** Geliebte(r), Liebste(r)

carmen 43

Salve, nec minimo puella naso
nec bello pede nec nigris ocellis
nec longis digitis nec ore sicco
nec sane nimis elegante lingua,
decoctoris amica Formiani.
ten provincia narrat esse bellam?
tecum Lesbia nostra comparatur?
o saeclum insapiens et infacetum!

Schönheitswettbewerb:
38 schöne Frauen aus ganz Europa treten im Libanon, sozusagen auf neutralem Terrain, gegeneinander an, auf dass die Allerschönste unter ihnen gekürt werde.

Versmaß: Hendecasyllabus
1 **salvē** sei gegrüßt – **puella** Mädchen, Geliebte – **nāsus** Nase
2 **bellus, a, um** (umgangssprachlicher Ausdruck) schön, hübsch – **niger, -gra, -grum** schwarz, dunkelfarbig – **ocellus**: Deminutiv zu oculus
3 **digitus** Finger – **siccus, a, um** trocken
4 **ēlegāns, -ntis** geschmackvoll, fein; **ēlegante** hier Ablativ (statt eleganti)
5 **dēcoctor, ōris m.** Bankrotteur – **Formiānus, a, um** aus Formia, einer Stadt in Latium. Sehr wahrscheinlich ist Mamurra, ein Günstling Caesars (vgl. c. 29, 3), gemeint.
6 **tēn?** = tēne?
8 **saeclum** = saeculum – **īnsapiēns, -ntis**: Gegenteil von sapiens – **īnfacētus, a, um** plump, geschmacklos

carmen 46

Iam ver egelidos refert tepores,
iam caeli furor aequinoctialis
iucundis Zephyri silescit auris.
linquantur Phrygii, Catulle, campi
Nicaeaeque ager uber aestuosae:
ad claras Asiae volemus urbes.
iam mens praetrepidans avet vagari,
iam laeti studio pedes vigescunt.
o dulces comitum valete coetus,
longe quos simul a domo profectos
diversae varie viae reportant.

Versmaß: Hendecasyllabus

1 **vēr, vēris n.** Frühling – **ēgelidus, a, um** lau – **tepor, ōris, m.** (milde) Wärme

2 **furor aequinoctiālis** Sturm der Tag- und Nachtgleiche, d.h. Ende März bzw. September

3 **silescere** still werden, verstummen

4 **linquantur** = relinquantur – **Phrygiī campī**: Gemeint ist eine Gegend im Norden der Türkei; synonym mit Bithuni campi (vgl. c. 31, 5 f.)

5 **ūber, eris** fruchtbar, ergiebig – **aestuōsus, a, um** glühend, heiß

6 **volāre** fliegen; eilen

7 **praetrepidāre** vor Erwartung zittern, ungeduldig sein – **avēre** (m. Inf.) begehren, nach etwas verlangen – **vagāri** (umher)schweifen, unterwegs sein

8 **vigēscere** erstarken, stark werden

9 **comitēs**: Gemeint sind wohl die Gefährten, mit denen Catull im Jahre 57 v. Chr. im Gefolge des Proprätors C. Memmius nach Kleinasien gezogen war. Unser Gedicht bezieht sich auf das Frühjahr des folgenden Jahres, in dem sich Catull auf die Abreise vorbereitete. – **coetus, ūs m.** Zusammenkunft; Kreis

10 **longē**: (Adv.) bezieht sich auf profectos

11 **variē**: (Adv.) bezeichnet die unterschiedliche Art der Reise teils zu Wasser, teils zu Lande

carmen 49

Disertissime Romuli nepotum,
quot sunt quotque fuere, Marce Tulli,
quotque post aliis erunt in annis,
gratias tibi maximas Catullus
agit pessimus omnium poeta,
tanto pessimus omnium poeta,
quanto tu optimus omnium patronus.

Marcus Tullius Cicero, augusteische Kopie nach einem Original von 43 v. Chr. (Rom, Kapitolinisches Museum)

Versmaß: Hendecasyllabus
1 **disertus, a, um** beredt, redegewandt – **nepōs, ōtis m.** Enkel; Nachkomme – Der Ausdruck **Rōmulī nepōtēs** ist eine feierliche Umschreibung für ‚Römer'.
2 **fuēre** = fuērunt – **Mārcus Tullius**: Gemeint ist Catulls Zeitgenosse Cicero (106–43 v. Chr.).
3 **post** = posteā
5 **poēta, ae m.** Dichter
6 **tantō … quantō** um so viel … wie – **patrōnus** Advokat, Anwalt. Aus Ciceros Schrift Brutus (332 f.) geht hervor, dass Cicero die Bezeichnung ‚patronus' keineswegs schätzt. Ciceros Anspruch zielt auf den philosophisch gebildeten Redner, der sich von der Menge der herkömmlichen Advokaten (vulgus patronorum) abhebt.

carmen 50

Hesterno, Licini, die otiosi
multum lusimus in meis tabellis,
ut convenerat esse delicatos.
scribens versiculos uterque nostrum
ludebat numero modo hoc modo illoc,
reddens mutua per iocum atque vinum.
atque illinc abii tuo lepore
incensus, Licini, facetiisque,
ut nec me miserum cibus iuvaret
nec somnus tegeret quiete ocellos,
sed toto indomitus furore lecto
versarer, cupiens videre lucem,
ut tecum loquerer simulque ut essem.
at defessa labore membra postquam
semimortua lectulo iacebant,
hoc, iucunde, tibi poema feci,
ex quo perspiceres meum dolorem.
nunc audax cave sis, precesque nostras,
oramus, cave despuas, ocelle,
ne poenas Nemesis reposcat a te.
est vemens dea: laedere hanc caveto.

Versmaß: Hendecasyllabus
1 **hesternus, a, um** gestrig – **ōtiōsus, a, um**: Adjektiv zu ōtium
2 **tabella** Schreibtafel
3 **ut** (m. Ind.) hier: da, weil – **convēnerat ⟨nōs⟩ esse delicātōs** – **delicātus, a, um** reizvoll; feinsinnig
4 **versiculus** Verslein
5 **numerus** hier: Versmaß – **illōc** = illō
6 **reddere mutua** wechselweise wiedergeben, vortragen – **iocus** Scherz, Spaß
7 **illinc** (Adv.) von dort – **lepōs, ōris m.** Anmut, Charme
8 **facētiae** witzige, spaßige Einfälle
10 **ocellus**: Deminutiv von oculus
11 **⟨in⟩ tōtō lectō** – **indomitus, a, um** ungebändigt, wild – **furor, ōris m.** hier: Erregung, Leidenschaft
12 **versāri** hier: sich hin und her wälzen
13 **simul esse** zusammen sein
14 **dēfessus, a, um** erschöpft, ermattet – **membrum** (Körper)glied
15 **sēmimortuus, a, um** halbtot – **lectulus**: Deminutiv von lectus
16 **iūcundus** hier: lieber Freund – **poēma, -atis n.** Gedicht
18 **cavē** (m. Konj.) hüte dich (m. Inf.)
19 **dēspuere** auf etw. spucken; verachten – **ocelle**: Kosewort für Licinius
20 **poenās reposcere** Strafe einfordern, Rache nehmen
21 **vemēns** = vehemēns – **cavēto** + Inf.: Der Imperativ II wird vorzugsweise in der Gesetzessprache und bei Verträgen verwendet.

carmen 51

Ille mi par esse deo videtur,
ille, si fas est, superare divos,
qui sedens adversus identidem te
spectat et audit

dulce ridentem, misero quod omnis
eripit sensus mihi: nam simul te,
Lesbia, aspexi, nihil est super mi
⟨vocis in ore⟩,

lingua sed torpet, tenuis sub artus
flamma demanat, sonitu suopte
tintinant aures, gemina teguntur
lumina nocte.

otium, Catulle, tibi molestum est:
otio exsultas nimiumque gestis;
otium et reges prius et beatas
perdidit urbes.

Rotfiguriger attischer Krater: Alkaios und Sappho, um 470 v. Chr. (München, Antikensammlung)

Versmaß: Sapphische Strophe
1 **mī** = mihi
3 **adversus** (m. Akk.) gegenüber (jmd.) – **identidem** immer wieder – **tē**: zu adversus und spectat
5 **dulce ridēre** süß lachen – **quod**: Relativpronomen – **omnīs** = omnēs
6 **simul** hier: sobald
7 **nihil est super mī vōcis** = mihi nihil vōcis superest
9 **torpēre** erstarrt, gelähmt sein – **tenuīs** vgl. omnīs (V. 5) – **artus, ūs, m.** Körperteil; Pl.: Glieder
10 **dēmanāre** herabfließen, -rieseln – **sonitus, ūs m.** Ton, Schall – **suopte**: verstärktes suo
11 **tintināre** klingen – **geminus, a, um** doppelt
13 **molestus, a, um** lästig, krank machend
14 **exsultāre** ausgelassen, übermütig sein – **gestīre** begehren, verlangen

carmen 52

Quid est, Catulle? quid moraris emori?
sella in curuli struma Nonius sedet,
per consulatum peierat Vatinius.
quid est, Catulle? quid moraris emori?

Die abgebildete Münze zeigt einen Pavillon mit der sella curulis eines Prätors. Die Prätoren waren für die Gerichtsbarkeit zuständig. Die Buchstaben AC (rechts) bedeuten: Absolvo – ich spreche frei; Condemno – ich verurteile. Links ist eine Stimmurne zu sehen.

Versmaß: Jambischer Trimeter
1 **morāri** (m. Inf.) zögern – **ēmorī** in den Tod gehen, sterben
2 **sella curūlis** kurulischer Sessel. Es handelt sich um den Amtssessel der Konsuln, Prätoren und der sog. kurulischen Ädilen. – **strūma** Drüsengeschwulst, Dickhals
3 **pēierāre per** falsch schwören bei, einen Meineid schwören bei

carmen 58

Caeli, Lesbia nostra, Lesbia illa,
illa Lesbia, quam Catullus unam
plus quam se atque suos amavit omnes,
nunc in quadriviis et angiportis
glubit magnanimi Remi nepotes.

(Siehe dazu Abbildung im Farbteil, S. 66.)

Versmaß: Hendecasyllabus
1 **nostra**: Pluralis modestiae
4 **quadrīvium** Straßenkreuzung – **angiportum** enge Gasse, Seitenstraße
5 **glūbere** (ab)schälen; hier: auf das männliche Glied bezogen – **māgnanimus, a, um** hochherzig, edel – **nepōs, nepōtis m.** Enkel; Nachkomme

carmen 70

Nulli se dicit mulier mea nubere malle
quam mihi, non si se Iuppiter ipse petat.
dicit. sed mulier cupido quod dicit amanti,
in vento et rapida scribere oportet aqua.

Versmaß: Elegisches Distichon
1 **nūbere** (m. Dat) (als Frau) jdn. heiraten
2 **nōn sī** (selbst dann) nicht, wenn
3 ⟨**id**⟩, **quod dicit**
4 **rapidus, a, um** reißend

carmen 72

Dicebas quondam solum te nosse Catullum,
  Lesbia, nec prae me velle tenere Iovem.
dilexi tum te non tantum ut vulgus amicam,
  sed pater ut gnatos diligit et generos.
nunc te cognovi: quare etsi impensius uror,
  multo mi tamen es vilior et levior.
qui potis est, inquis? quod amantem iniuria talis
  cogit amare magis, sed bene velle minus.

(Siehe dazu Abbildung im Farbteil, S. 67.)

Versmaß: Elegisches Distichon
1 **nosse** = novisse
4 **gnātus** = natus Sohn – **gener, ī** Schwiegersohn
5 **quārē** (hier: relat. Satzanschluss) aus diesem Grund, daher – **etsī** selbst wenn, obwohl – **impēnsus, a, um** heftig – **urere** verbrennen; passiv: brennen, glühen
6 **multō** (bei Komparativ) um viel(es) – **mī** = mihi – **vīlis, e** billig, wertlos
7 **quī?** wie – **potis est** es ist möglich – **inquis** hier: du fragst

carmen 73

Desine de quoquam quicquam bene velle mereri
  aut aliquem fieri posse putare pium.
omnia sunt ingrata, nihil fecisse benigne
  prodest, immo etiam taedet obestque magis:
ut mihi, quem nemo gravius nec acerbius urget,
  quam modo qui me unum atque unicum amicum habuit.

Versmaß: Elegisches Distichon
1 **quicquam** (Objekt zu bene mereri) in irgendeiner Sache
2 **pius, a, um** pflichtbewusst
3 **ingrātus, a, um** undankbar – **benīgnus, a, um** freundlich, gefällig
4 **taedet** es schafft Verdruss, es ekelt – **obesse** hinderlich sein, schaden
5 **urgēre** bedrängen, zu schaffen machen
6 **modo**: bezieht sich auf habuit – **quī**: Lesen Sie ⟨is⟩, quī – **ūnicus, a, um** einzig, alleinig

carmen 76

Si qua recordanti benefacta priora voluptas
est homini, cum se cogitat esse pium,
nec sanctam violasse fidem, nec foedere nullo
divum ad fallendos numine abusum homines,
multa parata manent in longa aetate, Catulle,
ex hoc ingrato gaudia amore tibi.
nam quaecumque homines bene cuiquam aut dicere possunt
aut facere, haec a te dictaque factaque sunt.
omnia quae ingratae perierunt credita menti.
quare iam te cur amplius excrucies?
quin tu animo offirmas atque istinc teque reducis,
et dis invitis desinis esse miser?
difficile est longum subito deponere amorem,
difficile est, verum hoc, qua lubet, efficias:

Versmaß: Elegisches Distichon
1 **sī qua** = sī aliqua (voluptas) – **recordāri** (m. Akk) sich erinnern an, sich vergegenwärtigen – **benefactum** = beneficium
3 **violasse** = violāvisse – **foedere nūllō**: Abl. loci; **foedus** ist für Catull das Treueverhältnis der Liebenden, das unter dem Schutz der Götter steht.
4 **dīvum** = dīvōrum – **nūmen**: Bei einem foedus wurden die Götter als Zeugen angerufen, um dessen Glaubwürdigkeit zu betonen – **abūsum**: Ergänzen Sie esse. – **abūtī** (m. Abl.) missbrauchen
6 **ingrātus, a, um** undankbar
9 Lesen Sie: omnia, quae ingrātae menti crēdita sunt, periērunt.
10 **excruciāre** foltern, quälen
11 **quīn?** warum nicht? – **animō offirmāre** einen festen Willen zeigen – **istinc** von hier
12 **dīs** = deīs
14 **quā ⟨ratiōne⟩ lubet** wie es beliebt, wie du willst – **efficiās**: iussiver Konjunktiv; gleichbedeutend mit dem Imperativ

una salus haec est, hoc est tibi pervincendum,
hoc facias, sive id non pote sive pote.
o di, si vestrum est misereri, aut si quibus umquam
extremam iam ipsa in morte tulistis opem,
me miserum aspicite et, si vitam puriter egi,
eripite hanc pestem perniciemque mihi,
quae mihi subrepens imos ut torpor in artus
expulit ex omni pectore laetitias!
non iam illud quaero, contra me ut diligat illa,
aut, quod non potis est, esse pudica velit:
ipse valere opto et taetrum hunc deponere morbum.
o di, reddite mi hoc pro pietate mea!

Der Handschlag von Mann und Frau war die Bekundung des Willens zu einem Lebensbund (foedus). Bestimmende Werte eines gemeinsamen Lebens waren Treue (fides), gegenseitige Verantwortung (pietas) und Eintracht (concordia).

15 **pervincere** durchstehen, durchsetzen
16 **faciās**: vgl. efficiās (V. 14) – **pote ⟨est⟩** es ist möglich
17 **dī** = deī – **vestrum est** (m. Inf.) es ist eure Art, Aufgabe, Pflicht – **miserēri** Mitleid fühlen
18 **extrēmus, a, um** (prädikativer Gebrauch) in höchster Not, im letzten Moment – **opem ferre** Hilfe bringen
19 **pūriter** (Adv.) = pūre
20 **pestis, is f.** Seuche, Pest; Qual, Leiden
21 **subrēpere** unter etw. kriechen, sich einschleichen – **īmus, a, um** unterster, tiefster – **torpor, ōris m.** Erstarrung, Lähmung – **artus, ūs m.** Körperteil; Pl.: Glieder
23 **contrā** (hier: Adverb) wieder
24 **quod** hier: Relativpronomen – **potis est** = potest – **pudīcus, a, um** schamhaft, ehrbar
25 **taeter, tra, trum** ekelhaft, abscheulich
26 **mī** = mihi

carmen 83

Lesbia mi praesente viro mala plurima dicit:
haec illi fatuo maxima laetitia est.
mule, nihil sentis? si nostri oblita taceret,
sana esset; nunc quod gannit et obloquitur,
non solum meminit, sed, quae multo acrior est res,
irata est. hoc est, uritur et loquitur.

Versmaß: Elegisches Distichon
1 **mī** = mihi
2 **fatuus, a, um** albern, dumm
3 **mūlus, ī** Maulesel – **noster**: Gemeint ist Catull.
4 **sānus, a, um**: bezeichnet hier das Freisein von Liebe – **gannīre** knurren – **obloquī** widersprechen; kläffen
6 **ūrere** brennen; passiv: glühen

carmen 85

Odi et amo. quare id faciam, fortasse requiris.
nescio, sed fieri sentio et excrucior.

Versmaß: Elegisches Distichon
2 **excruciāre** foltern, quälen

carmen 93

Nil nimium studeo, Caesar, tibi velle placere,
nec scire utrum sis albus an ater homo.

Versmaß: Elegisches Distichon
1 **nīl** = nihil
2 **albus, a, um** weiß

carmen 95

Zmyrna mei Cinnae nonam post denique messem
quam coepta est nonamque edita post hiemem,
milia cum interea quingenta Hortensius uno
<versiculorum anno quolibet ediderit.>
Zmyrna cavas Satrachi penitus mittetur ad undas,
Zmyrnam cana diu saecula pervolvent.
at Volusi annales Paduam morientur ad ipsam
et laxas scombris saepe dabunt tunicas.
parva mei mihi sint cordi monumenta sodalis,
at populus tumido gaudeat Antimacho.

Versmaß: Elegisches Distichon

1 **Zmyrna**: Gemeint ist das gleichnamige Epyllion (Kleinepos) des Cinna, das die inzestuöse Liebe der Zmyrna zu ihrem Vater zum Gegenstand hat. Zmyrna wird in einen Myrrhenbaum verwandelt, der später den Adonis zur Welt bringt. Dieses verlorene Gedicht war ein typisches Beispiel für die exotische und gelehrte Poesie in alexandrinischer Art (vgl. Einführung). – **nōnus, a, um** der neunte – **dēnique**: bezieht sich auf edita (V. 2) – **messis, is f.** Ernte, Sommer

2 **ēdita**: Ergänzen Sie **est** – **nōnam post ... messem quam ...** = nōnā messe nōnāque hieme, postquam coepta est, ...

3 **cum intereā** während doch – **quīngentī, ae, a** fünfhundert

4 Dieser Vers fehlte in der Textüberlieferung und wurde dem Sinn entsprechend ergänzt. **versiculus** Verschen – **quīlibet, quaelibet, quodlibet** jeder beliebige

5 **cavus, a, um** hier: tief – **Satrachus**: Fluss auf Zypern, der auch in Cinnas Gedicht genannt ist. Hinweis auf die Verbreitung der ‚Zmyrna' – **penitus** (Adv.) tief hinein, weithin

6 **cānus, a, um** grau, grauhaarig; alt, in ferner Zukunft – **pervolvere** durchlesen

8 **laxus, a, um** locker; weit – **scomber, brī m.** Makrele – **tunica** Gewand; Verpackung

9 **cor, cordis n.** Herz; hier mit dem doppelten Dativ **alicui cordī esse** jdm. am Herzen liegen – **monumentum**: gemeint ist das literarische Werk – **sodālis, is m.** Gefährte, Kamerad

10 **tumidus, a, um** angeschwollen; umfangreich; schwülstig

carmen 101

Multas per gentes et multa per aequora vectus
advenio has miseras, frater, ad inferias,
ut te postremo donarem munere mortis
et mutam nequiquam alloquerer cinerem,
quandoquidem fortuna mihi tete abstulit ipsum,
heu miser indigne frater adempte mihi!
nunc tamen interea haec, prisco quae more parentum
tradita sunt tristis munera ad inferias,
accipe fraterno multum manantia fletu
atque in perpetuum, frater, ave atque vale!

Versmaß: Elegisches Distichon
1 **aequor, oris n.** Meer
2 **advenīre** kommen (zu). Auf der Reise von oder nach Bithynien besucht Catull das Grab seines Bruders in der Troas, einer Landschaft an der Nordwestküste Kleinasiens, wo das alte Troja gestanden hatte. – **īnferiae, arum** Totenopfer
3 **postrēmum mūnus mortis** der letzte Liebesdienst
4 **mūta cinis** stumme Asche – **nēquīquam** (Adv.) vergeblich – **alloquī** ansprechen
5 **quandoquidem** da ja, da nun einmal – **tētē**: verstärktes tē
6 **heu** ach, weh – **indīgnus, a, um** hier: ungerecht – **indīgnē** (Adv.) zu adempte
7 **intereā** hier: indessen – Lesen Sie: **haec mūnera, quae … trādita sunt …** – **prīscus, a, um** alt, ehrwürdig
8 **tristīs**: Akk. Pl. – **mūnus, eris n.** hier: Opfergaben. Man brachte den Verstorbenen Blumen, Öl und Wein dar.
9 **frāternus, a, um**: Adj. zu frater – **mānāre** (m. Abl.) triefen, benetzt sein von; **manantia**: bezieht sich auf **mūnera** – **flētus**: Substantiv zu flēre
10 **avē** sei gegrüßt – **valē** leb wohl

Zu carmen 101: Attisches Salbölgefäß (Lekythos) aus Eretria (Euböa), Detail, letztes Jahrzehnt des 5. Jahrhunderts v. Chr.: Junger Mann vor einer Grabstele sitzend (Höhe des Details ca. 21 cm)

carmen 105

Mentula conatur Pipleium scandere montem:
Musae furcillis praecipitem eiciunt.

Detail eines Reliefs aus Mantinea: ‚Die Musen' (ca. 330 v. Chr.)

Versmaß: Elegisches Distichon
1 **mentula** Geschlechtsglied, Penis. Spitzname des Mamurra (vgl. Anm. zu c. 29, 3) – **Piplēus mōns**: Der pi(m)pleische Berg – **scandere** besteigen. Das Besteigen des Musenbergs ist eine Metapher für den Versuch zu dichten.
2 **Mūsae**: Die Musen sind Göttinnen der Künste. – **furcilla, ae** (Mist)gabel – **ēicere, iō** hinabwerfen, -stoßen

carmen 109

Iucundum, mea vita, mihi proponis amorem
hunc nostrum inter nos perpetuumque fore.
di magni, facite, ut vere promittere possit
atque id sincere dicat et ex animo,
ut liceat nobis tota perducere vita
aeternum hoc sanctae foedus amicitiae.

(Siehe dazu Abbildung im Farbteil, S. 68.)

Versmaß: Elegisches Distichon
1 **mea vīta**: Anrede der Geliebten – **prōpōnere** (hier m. AcI) in Aussicht stellen, versprechen
2 **fore** = futūrum esse
4 **sincērus, a, um** aufrichtig
6 **foedus**: vgl. Anmerkung c. 76, 3

carmen 113

Consule Pompeio primum duo, Cinna, solebant
Maeciliam; facto consule nunc iterum
manserunt duo, sed creverunt milia in unum
singula. fecundum semen adulterio!

Versmaß: Elegisches Distichon
1 **Pompēius** (106–48 v. Chr.): Feldherr und Politiker zur Zeit Caesars – **Cinna**: Dichterkollege und Freund Catulls – **solēbant**: verlangt einen Infinitiv im Sinne von futuere (es treiben mit, schlafen mit).
2 **Maecilia**: eine Römerin
3 **mīlia, ium**: Plural von mille – **in ūnum** auf einen
4 **fēcundus, a, um** fruchtbar, ergiebig – **sēmen, inis n.** Same – **adulterium** Ehebruch

Marc Chagall: „Der Geburtstag“, 1915
(Museum of Modern Art, New York)

Pablo Picasso: „Frau mit blauem Hut", 1901
(Galerie Rosengart, Luzern)

Edvard Munch: „Die Einsamen“, 1906/07
(Folkwang Museum, Essen)

Marc Chagall: „Liebespaar vor rotem Hintergrund“, 1983
(im Besitz der Erben des Künstlers)

Arbeitsaufträge und Fragen zu carmen 1:

1 Gliedern Sie das Gedicht anhand der Prädikate (Person, Modus, Tempus).

2 Beschreiben Sie den gedanklichen Zusammenhang zwischen den einzelnen Abschnitten. Beachten Sie in diesem Zusammenhang die Konnektoren.

3 a) Arbeiten Sie die Begriffe heraus, mit denen Catull sein Werk charakterisiert.
b) Welchen Eindruck erweckt diese Kennzeichnung beim Leser?

4 Nennen Sie die Charakteristika von Nepos' Werk und ordnen Sie diese dem Werk Catulls (s. Pkt. 3a) zu, indem Sie zwischen Umfang, Inhalt und Qualitätsmerkmalen unterscheiden.

5 Mit welcher Berechtigung beansprucht Catull Unsterblichkeit für sein Werk, das quasi ein Nichts an Literatur – hoc libelli – darstellt? Beziehen Sie sich in Ihrer Antwort auf den Vergleich mit dem Werk des Nepos. Beachten Sie dabei den Unterschied zwischen der konkreten und der übertragenen Bedeutung der Attribute, mit denen Catull sein Werk charakterisiert.

6 a) Viele Römer mögen wohl Catulls Dichtungen als nugae bezeichnet haben. Was wollten Sie damit ausdrücken?
Beziehen Sie sich dabei auf folgende Aussage Senecas:
„Cicero betont, er würde, [auch] wenn seine Lebensfrist verdoppelt werden sollte, keine Zeit für die Lektüre der Lyriker haben; für mich sind nur die Dialektiker in noch erbärmlicherer Weise nutzlos. Jene [die Lyriker] sind mit Absicht verspielt, diese [die Dialektiker] glauben selbst, etwas Wichtiges zu betreiben" (Epistulae Morales 49, 5).
b) Welches Dichtungsverständnis will Catull zum Ausdruck bringen, wenn er den Begriff nugae verwendet?

7 Zeigen Sie, dass das vorliegende Gedicht die Qualitätsmerkmale lepidus – witziggeistreiche Darstellung und expolitus – ausgefeilte Komposition (formal-stilistische Merkmale) aufweist.

8 Catull bestimmt in diesem Gedicht seinen literarischen Standpunkt. Versuchen Sie anhand der wichtigsten Begriffe ein Resümee.
Beziehen Sie sich dabei auch auf die Einleitung (S. 5 ff.).

Arbeitsaufträge und Fragen zu carmen 2:

1 Erstellen Sie eine Satzanalyse des Gedichts nach der Einrückmethode.

2 Verfolgen Sie den Stimmungsverlauf des Gedichts anhand der entsprechenden Begriffe.

3 Was ist Thema der Verse 1–6? Beachten Sie die Verwendung von Stilmitteln.

4 a) Inwiefern hängt die Änderung des Geschehens in den Versen 7–10 mit credo (V. 8) zusammen?
b) Was bedeutet dies für das Verhältnis Catulls zur puella? Beachten Sie in diesem Zusammenhang die Wortwahl und den Satzbau.

5 a) Wo erfährt das Gedicht eine überraschende Wendung?
b) Was will Catull damit zum Ausdruck bringen?

6 Welche Funktion nimmt der Spatz in diesem Gedicht ein?

7 Nennen Sie die Aussage des Gedichts.

8 Setzen Sie die Abbildung auf S. 25 in Beziehung zum Inhalt des Gedichts.

9 Schildern Sie Ihre Gedanken und Gefühle bei der Lektüre des Gedichts. Worüber sind Sie erstaunt, verblüfft oder überrascht?

Arbeitsaufträge und Fragen zu carmen 3:

1 a) Erstellen Sie eine Gliederung des Gedichts anhand des inhaltlichen Verlaufs. Achten Sie in diesem Zusammenhang auf Modus und Tempus der Prädikate.
b) Was stellen Sie anhand der Gliederung fest?

2 a) Welche Begriffe bilden in den ersten drei Versen einen Gegensatz?
b) Leiten Sie daraus das Thema des Gedichts ab.

3 Ordnen Sie diesem Begriffspaar (vgl. Pkt. 2a) weitere lateinische Begriffe aus dem Gedicht entsprechend zu.

4 Mit welchen stilistischen und sprachlichen Mitteln beschreibt Catull:
a) den Umgang der puella mit ihrem passer (V. 5–10)?
b) den Tod des passer (V. 11–15)?

5 Bestimmen Sie die Rollenverteilung zwischen der puella und dem Dichter.

6 Was will Catull mit diesem Gedicht der puella gegenüber zum Ausdruck bringen?

7 Wo erkennen Sie Gemeinsamkeiten, wo Unterschiede zu c. 2?

8 Welche Bedeutung hat das Catull-Gedicht für K. Krolow?

Begleittext zu carmen 3

Der Dichter K. Krolow schrieb folgendes Gedicht:

Stele für Catull

Tot in toter Sprache: –
unbeweglich
im schwarzen Zimmer Roms
perdita iuventus.

Doch der Vogelflug der Worte
fällt immer wieder
aus vollem Himmel.

Ihre hellen Körper
bewegen sich in unserer Luft.
Wir legen sie ins Grab dir,
in dem du ganz allein bist
mit dem toten Sperling –

Catull, von leichten Buchstaben
der Liebe geschützt,
vom Alter jener Augen,
die sich nicht mehr schließen.

Passer mortuus est
meae puellae.
Ein Flüstern noch
in Pappeln.

(Karl Krolow, Unsichtbare Hände. Gedichte 1959–1962, Frankfurt 1985, S. 62)

Arbeitsaufträge und Fragen zu carmen 4:

1 a) Aus welchem Sachbereich stammen die meisten Begriffe?
b) Stellen Sie anhand dieser Begriffe das Thema des Gedichtes fest.

2 Betrachten Sie den Aufbau des Gedichts unter dem Gesichtspunkt der Veränderung von Zeit und Ort. Ziehen Sie die Karte auf S. 132 zurate.

3 Durch welche Eigenschaften zeichnet sich der phaselus aus?

4 Welche metrischen, sprachlichen und stilistischen Erscheinungen betonen die Charakteristik des phaselus?

5 a) Beschreiben Sie die Erzählperspektive des Gedichts.
b) Welche Wirkung wird dadurch erzielt?

6 Erläutern Sie den Zusammenhang vom Bericht des Bootes und Catulls Reise nach Bithynien (vgl. c. 46).

7 Erkundigen Sie sich in einem Lexikon oder per Internet:
a) unter den Stichworten ‚Argonauten', ‚Odysseus', ‚Aeneas' über mythische Reisen zur See.
b) über verschiedene Typen von Booten/Schiffen im Altertum.

8 Vergleichen Sie das vorliegende Gedicht mit dem Vergil (70–19 v. Chr.) zugeschriebenen „Katalepton 10".

Begleittext zu carmen 4

Dem römischen Dichter Vergil (70–19 v. Chr.) wird das Gedicht „Katalepton 10" zugeschrieben.

Katalepton 10

Hier der Sabinus, den ihr, Wandrer, vor euch seht,
sagt, daß er einst der schnellste Maultiertreiber war.
So schnell sei keine Kutsche je gerollt, daß er
nicht doch vorbei gekonnt, ob es nach Mantua
im Flug dahingehn mußte, ob nach Brixia.
Er leugnet, daß des Tryphon Konkurrenzpalast
dies leugne noch der Häuserblock des Cerylos,
wo er, Sabinus heute, ehmals Quinctio,
mit zwiegezahnter Schere, sagt er, einstens schor
die Nacken, haarumwogt, daß in Cytorus Joch
mit Ruck und Druck nicht Wunden reibe rauh das Haar.
Dir, winterlich Cremona und auch, Gallien dir,
lehmschweres Land, sei dies bekannt seit eh und je,
sagt er, Sabinus; gleich vom fernsten Urbeginn,
so sagt er, stand er tief in deines Schlammes Schlund,
nahm oft in deinem Sumpf die Fracht den Tieren ab
und ging durch so viel radzerfurchte Meilen dann
selbst ins Geschirr, ob links das Maultier oder rechts
zu bocken anfing oder beiderseits wohl gar.
Auch habe er den Feldweggöttern Opfer nie
gelobt und dargebracht, nur jetzt dies letzte hier:
das Zaumzeug, Vätererbe, und den letzten Kamm.
Doch das ist längst vorbei. Jetzt thront er hoch und hehr
hier auf dem Sitz aus Elfenbein und weiht sich fromm
dir, Zwilling Castor, und des Castors Zwilling, dir.

(Vergil, Sämtliche Werke, übersetzt von J. und M. Götte, München 1972, S. 106)

Arbeitsaufträge und Fragen zu carmen 5:

1 Gliedern Sie das Gedicht anhand der Modi und Tempora der Prädikate. Benennen Sie stichwortartig den Inhalt der einzelnen Abschnitte.

2 Zeichnen Sie die gedankliche Verbindung der einzelnen Abschnitte nach. Achten Sie auf Stilmittel und deren Bedeutung für den Inhalt.

3 a) Wie steht Catull zu Lesbia?
b) Beschreiben Sie Catulls Lebensgefühl.

4 Catull wendet sich in diesem Gedicht gegen die senes severiores (V. 2).
a) Suchen Sie im Text nach Anhaltspunkten für die Lebensanschauung der senes severiores. Beachten Sie in diesem Zusammenhang die Bedeutung der Zahlwörter.
b) Untersuchen Sie die sprachlichen und formalen Mittel, mit denen sich Catull von den senes severiores distanziert.

5 Wie deuten Sie den Ausdruck ne quis malus invidere possit (V. 12)?

6 Welche Gedanken verbindet Ursula Flügler mit ihrem Gedicht „Erstes Lateinbuch"?

Begleittext zu carmen 5

Erstes Lateinbuch

So schön
fängt alles an.

Das Mädchen
bringt dem Dichter eine Rose.
Columba parva volat.

Aber schon bald befiehlt der Herr,
der Sklave gehorcht.

Ehrt eure Lehrer Knaben!

Spätestens in der zehnten Lektion
töten Soldaten die Feinde
mit Schwert, Speer
und Lanze.

Imperium Romanum
magnum est.

So viele Wörter für „töten".
Wenig bekannt die Wörter der Zärtlichkeit,

als gäbe es nicht
Lesbias Sperling und
die tausend mal tausend
Küsse Catulls.

(Ursula Flügler, 1978; in: Dichter am Oberhein, Offenburg 1993)

Arbeitsaufträge und Fragen zu carmen 6:

1 a) Sammeln Sie alle Begriffe, die sich auf das Begriffspaar dicere – tacere beziehen.
b) Gliedern Sie den Text anhand der Konnektoren und erläutern Sie den Inhalt des Gedichtes anhand des Begriffspaares dicere – tacere.

2 Woran ist zu erkennen, dass die ersten fünf und die letzten fünf Verse miteinander korrespondieren?

3 Untersuchen Sie die sprachlichen Mittel, mit denen Catull das Bett des Flavius beschreibt. Welche Wirkung erzielt Catull damit?

4 Was meint Catull mit dem Ausdruck ad caelum lepido vocare versu (V. 17)?

5 Catull nimmt für seine Dichtung den Begriff lepidum (V. 17) – elegant, geistreich – in Anspruch. Worin drückt sich das Elegante und Geistreiche dieses Gedichtes aus?

Arbeitsaufträge und Fragen zu carmen 7:

1 Erstellen Sie eine Gliederung des Gedichts anhand der Syntax und benennen Sie dessen Struktur.

2 a) Nennen Sie Begriffe, die sich im Gedicht wiederholen.
b) Was ist das tertium comparationis der Vergleiche in V. 3–8?
c) Erschließen Sie unter Berücksichtigung Ihrer Ergebnisse aus Pkt. 1 und 2 a. und b. das Thema des Gedichts.

3 a) Vergleichen Sie das vorliegende Gedicht mit Catulls c. 5 anhand der Anzahl und der Aktionsart der Verbformen.
b) Worauf ist der Unterschied zurückzuführen? Beachten Sie auch den Modus und die Personenendungen.

4 Beschreiben Sie das Verhältnis von Catull zu Lesbia, wie es in c. 7 zum Ausdruck kommt. Beachten Sie in diesem Zusammenhang stilistische Erscheinungen.

5 a) Catull bezeichnet sich selbst als vesanus (V. 10). Was will er damit ausdrücken?
b) Erläutern Sie, inwiefern die beiden Vergleiche auf Catulls Zustand des Entrücktseins verweisen. Achten Sie auf die Verwendung von Stilmitteln.

6 Das vorliegende Gedicht ist das erste Liebesgedicht, in dem sich Catull namentlich – Catullo (V. 10) – anspricht. Wie ist im Vergleich zu mihi (V. 1) diese Selbstanrede zu verstehen?

7 Übertragen Sie folgende Aussage auf carmen 7:
„So tauml ich von Begierde zu Genuss,
und im Genuss verschmacht ich nach Begierde."
(J. W. v. Goethe, Faust I, V. 3249 f.)

8 Beschreiben Sie das Bild von Marc Chagall (Farbteil, S. 65). Inwieweit bestehen Gemeinsamkeiten mit Catulls carmina 5 und 7?

Arbeitsaufträge und Fragen zu carmen 8:

1 Gliedern Sie das Gedicht anhand der Modi und Tempora. Welche Abschnitte lassen sich erkennen?

2 a) Geben Sie anhand der Gliederung den Inhalt wieder. Achten Sie dabei auf die Verwendung von Stilmitteln und auf die Syntax.
b) Was ist das Thema des Gedichts?
c) Wie gestaltet Catull das Thema des Gedichts? Untersuchen Sie dazu die Wortarten.

3 a) Wie beurteilen Sie das Gelingen von Catulls Vorsatz?
b) Untersuchen Sie dazu die Verteilung der Personen unter der Fragestellung: Wer ist Sprecher und wer Angesprochener? Achten Sie in diesem Zusammenhang ebenfalls auf die Verteilung von Subjekt und Objekt.

4 Wie sind die Gedanken der einzelnen Abschnitte (vgl. Pkt. 1) miteinander verknüpft? Achten Sie auf Begriffe, die sich wiederholen.

5 Was meint Catull, wenn er sich als miser (V. 1) bezeichnet?

6 Versuchen Sie die einzelnen Ergebnisse aus Pkt. 1, 3 b und 4 im Hinblick auf den Zusammenhang von Form und Inhalt des Gedichtes zusammenzuführen.

7 Vergleichen Sie das vorliegende Catull-Gedicht mit dem folgenden Begleittext.

Begleittext zu carmen 8

Die Autorin Anna Elissa Radke überträgt mit ihren Katulla-Gedichten die Gedanken Catulls in unsere Gegenwart. Da Katulla weiblich ist, verleiht sie dem Erlebnisgehalt des antiken Vorbildes eine neue Sichtweise.

c. 8

Verschmäht bist du, Katulla,
fall deshalb nicht so peinlich aus der Rolle,
trag es mit Würde, nur leicht enttäuscht
wie bei ganz früher Fehlgeburt und
hilflos bedauernd …
wo du doch einst so guter Hoffnung warst,

als du bewegtest oft in deinem Herzen,
was jener Mann an Meinung von sich gab,
den du so heftig und mit Haut und Haaren
hast begehrt wie vorher keinen anderen,
damals war alles noch erotisch-witzig aufgeladen,
was du so inszeniert und wobei jener
nicht ungern assistiert,
da warst du wirklich noch so guter Hoffnung …

Nun mag er nicht mehr, –
werde ja nicht immer wieder schwach,
lauf ihm nicht nach, verzehr dich nicht
in Liebeskummer, und verliere nie
die Selbstachtung vor dir,
steh diese Krise tapfer durch!

Ade, mein Schatz, wenn du nicht magst,
so mag Katulla auch nicht mehr
und hütet sich zu betteln.

Das wird dir schon noch Leid tun,
wenn dein Marktwert sinkt.
O du Unmöglicher, was nun?
Wer wird dich wollen,
noch umwerfend finden?
Wen wirst du mögen, wem gehören?
Wen küssen so wie mich,
die Lippen überstrapazieren?
(Vorsicht, mein Lieber: AIDS!)
Hör endlich auf damit, Katulla,
steh diese Krise tapfer
und mit Anmut durch!

(Anna Elissa Radke, Katulla. Catull-Übersetzungen ins Weibliche und Deutsche, Marburg 1992, S. 92)

Arbeitsaufträge und Fragen zu carmen 9:

1 Beschreiben Sie den Aufbau des Gedichts anhand des Satzbaus (Syntax), der Tempora und der Personenendungen der Prädikate.

2 Was ist das Thema des Gedichts?

3 a) Was stellt Catull bei der Heimkehr des Veranius in den Mittelpunkt?
b) In dem folgenden Begleittext behandelt Horaz die Heimkehr eines Freundes (c. 1, 36). Vergleichen Sie beide Gedichte unter folgender Fragestellung:
- Was bringt Horaz bei der Rückkehr des Numida zur Sprache?
- Erläutern Sie die jeweilige Erzählhaltung.

4 Welche stilistischen Mittel verwendet Catull bei seiner dichterischen Gestaltung des Wiedersehens mit Veranius? Achten Sie auf Satzzeichen, Enjambements, Satzbau, Wortwahl, Klangebene.

5 a) Erkundigen Sie sich in einem Lexikon oder im Internet (s. Adressen auf S. 130f.) über die Geschichte der römischen Herrschaft auf der iberischen Halbinsel.
b) Woran ist die ehemalige Präsenz der Römer auf der iberischen Halbinsel noch heute zu erkennen?
c) Welche bedeutenden Römer stammten von der iberischen Halbinsel?

Begleittext zu carmen 9

Der römische Dichter Horaz (65–8 v. Chr.) schrieb folgendes Gedicht (carm. 1, 36) über die Rückkehr des Lamia:

Zum Willkomm

Weihrauch will ich und Saitenspiel
  Froh nun weihn und des Kalbs pflichtiges Opferblut
Für die Götter des Numida,
  Der jetzt, glücklich gekehrt fern von Hesperien,
All den teuern Genossen viel,
  Niemand aber so viel zärtliche Küsse bringt,
Als des Lamia trautem Haupt:
  War *ein* Lehrer es doch, der sie erzog, und *ein*
Fest gab beiden den Togaschmuck.
  Nein, den herrlichen Tag streicht mir mit Kreide an!
Maßlos reihe sich Krug an Krug,
  Und vom salischen Tanz raste der Fuß uns nicht
Und die Zecherin Damalis
  Sieg' im thrakischen Trunk nicht über Bassus nun!

Schafft auch Rosen herbei zum Mahl,
Grün des Eppichs und schnell welkende Lilien!
Dann läßt jeder das trunkene
Aug auf Damalis ruhn; Damalis aber weicht
Nicht vom neuen Geliebten heut,
Schmiegt sich innig an ihn, üppigem Epheu gleich.

(Horaz, Sämtliche Werke, übersetzt von H. Färber, München 1982, S. 63)

Arbeitsaufträge und Fragen zu carmen 11:

1 a) Erstellen Sie eine Gliederung anhand des Satzbaus (Syntax), der Modi und Tempora.
b) Versehen Sie jeden Abschnitt mit einer Überschrift.
c) Wo erfolgt der Umschlag des Geschehens?

2 Bestimmen Sie anhand der Wortwahl der einzelnen Abschnitte die jeweils charakteristische Tonlage. Beachten Sie die Wortangaben.

3 Welches Bild zeichnet Catull von seiner Geliebten?
Welche stilistischen Erscheinungen verdeutlichen dieses Bild?

4 Welche Funktion kommt den Versen 1–14 im Gesamtzusammenhang des Gedichts zu?
Achten Sie auf die Verwendung von Stilmitteln und deren inhaltlicher Bedeutung.

5 Erläutern Sie den Zusammenhang von Inhalt und Form.

6 Welche Aussage macht Catull über Lesbia angesichts der Tatsache, dass die Adressaten des Gedichts anrüchige Gestalten sind? Nehmen Sie Bezug auf die Wortangaben.

7 Ist das Gedicht in Ihren Augen ein Liebes- oder Spottgedicht?

8 Vergleichen Sie das vorliegende Gedicht mit c. 8 und c. 51.

Arbeitsaufträge und Fragen zu carmen 13:

1 a) Stellen Sie anhand von Begriffen, die zum gleichen Sachfeld gehören, das Thema fest.
b) Welche Bedeutung kommt den Tempora zu?

2 Geben Sie den Handlungsverlauf wieder und achten Sie dabei auf Konnektoren.

3 Die Einladung Catulls gewährt dem Leser einen Einblick in seinen Freundeskreis. Charakterisieren Sie dessen Atmosphäre.

4 Versuchen Sie, die Charakteristik des Festes auf Catulls Dichtung zu übertragen.

5 a) Wofür steht unguentum?
b) Inwiefern kann man das Parfüm als Gegensatz zur Welt des praktischen Nutzen deuten?

6 Worin besteht ein Zusammenhang zwischen dem Parfüm und den Gedichten Catulls?

7 Erkundigen Sie sich in Lexika oder per Internet (S. 130 f.) über Parfüms und Salben im damaligen Rom.

8 Was verkörpern Aphrodite (röm. Venus) und Eros (röm. Cupido bzw. Amor) auf der Abbildung (S. 37)?

Arbeitsaufträge und Fragen zu carmen 23:

1 a) Welches Thema wird in den Versen 1–6 erkennbar?
Beachten Sie formale und sprachliche Auffälligkeiten.
b) Was ergibt sich daraus für das Textverständnis?

2 Erstellen Sie eine Gliederung des Gedichts anhand der Konnektoren und geben Sie stichwortartig den Gedankengang wieder.

3 a) Notieren Sie Begriffe aus dem Sachfeld ‚Glück'.
b) Erläutern Sie den Zusammenhang von Armut und Glück, wie er in diesem Gedicht hergestellt wird.

4 Was ist die Absicht des Gedichts?
Welche sprachlichen Mittel setzt Catull zu diesem Zweck ein?

Arbeitsaufträge und Fragen zu carmen 27:

1 a) Aus welchem Sachfeld stammen die meisten Begriffe?
b) Welches Thema lässt sich daraus ableiten?

2 Wo ist ein Gegensatz zu erkennen?

3 Beschreiben Sie die Tonlage des Gedichts und beachten Sie in diesem Zusammenhang sprachliche und stilistische Erscheinungen.

4 Deuten Sie das gegensätzliche Begriffspaar lymphae und merus Thyonianus als Ausdruck verschiedener Lebenseinstellungen. Beachten Sie dabei die Ergebnisse von Pkt. 2.

5 a) Sammeln Sie Informationen zum Thema ‚Wein' in der Antike.
b) Was ist ein Symposion (damals und heute)?

Arbeitsaufträge und Fragen zu carmen 29:

1 a) Welchen formalen Aufbau zeigt das Gedicht?
b) Was bedeutet dies für den Inhalt des Gedichts?

2 a) Halten Sie alle Ausdrücke, die Mamurra und Caesar charakterisieren, in einem Schaubild fest.
b) Welche Vorwürfe erhebt Catull gegen Mamurra und Caesar?
c) Suchen Sie nach stilistischen und sprachlichen Mitteln, welche die inhaltliche Aussage unterstreichen.
d) Wer steht nach Ihrer Meinung im Zentrum der Kritik?

3 Welches Bild zeichnet Catull von den politischen Machthabern?

Arbeitsaufträge und Fragen zu carmen 30:

1 Notieren Sie die Ausdrücke, mit denen Catull Alfenus anspricht. Welches Verhältnis zwischen Catull und Alfenus bringt dieses Gedicht zum Ausdruck?

2 Was wirft Catull dem Alfenus vor?
Erstellen Sie dazu eine Wortliste zum Sachfeld ‚fides'.

3 a) Was erfährt der Leser über die Ursache des Vertrauensbruchs?
b) Was ist Inhalt des Gedichts?

4 a) Charakterisieren Sie den Stil dieses Gedichts. Achten Sie auf das Metrum, die Satzarten, die Wortwahl und rhetorische Figuren.
b) Auf welche Art und Weise sind die Gedanken verknüpft?

5 Deuten Sie Catulls persönliches Erlebnis als ein Beispiel für die Zeitumstände, in denen er lebte (vgl. Einleitung, S. 5 ff.).

6 Setzen Sie Catulls Erfahrung mit Alfenus in Beziehung zu seiner Erfahrung mit Lesbia, wie sie in den carmina 76 und 109 zum Ausdruck kommt.

Arbeitsaufträge und Fragen zu carmen 31:

1 Erstellen Sie eine Gliederung des Gedichts und bezeichnen Sie jeden Abschnitt mit einer kurzen Überschrift.

2 Was ist der Anlass des Gedichts?

3 Was bedeutet für Catull Sirmio im Vergleich zu Thynien und Bithynien? Ordnen Sie entsprechende Ausdrücke des Gedichts diesem Begriffspaar zu.

4 a) Was erfährt der Leser konkret über Sirmio?
b) Wie beschreibt Catull sein Sirmio?

5 Geben Sie die Stimmung des Gedichts wieder. Beziehen sie sich auch auf die Abbildung von Sirmio (S. 45).

6 Welche kompositorischen und stilistischen Erscheinungen spiegeln den Inhalt wider?

Arbeitsaufträge und Fragen zu carmen 39:

1 Lesen Sie die Verse 1–8 laut und deutlich vor und untermalen Sie die Lautfolge der einzelnen Begriffe mit entsprechenden Mundbewegungen. Was stellen Sie dabei fest?

2 a) Welche Begriffe tauchen wiederholt im Gedicht auf?
b) Welcher Zusammenhang besteht zwischen den Begriffen ‚Zähnen' und ‚Lachen'?

3 a) Welchen Eindruck will Egnatius mit seinem strahlenden Lachen in der Öffentlichkeit erwecken?
b) Wie beurteilt Catull die Eigenheit des Egnatius?

4 a) Beschreiben Sie stichpunktartig den Aufbau des Gedichts. Beachten Sie dabei die Konnektoren.
b) Untersuchen Sie das Gedicht auf Stilmittel und deren Bedeutung für den Inhalt.

5 Erläutern Sie, inwiefern Egnatius in zweifacher Hinsicht verspottet wird.

6 Suchen Sie einen Titel für das Gedicht.

7 Zeichnen Sie eine Karikatur von Egnatius.

Arbeitsaufträge und Fragen zu carmen 40:

1 a) Welchen formalen Aufbau zeigt das Gedicht?
b) Welche inhaltliche Folgerung kann man daraus ableiten?

2 Gliedern Sie das Gedicht anhand der Satzarten und der Prädikate.

3 Erläutern Sie den Gedankengang des Gedichts unter der Fragestellung, wie Catull mit dem Adressaten des Gedichts umgeht. Beachten Sie in diesem Zusammenhang die Verwendung sprachlich stilistischer und lautmalerischer Elemente.

4 Erläutern Sie anhand dieses Gedichtes, inwiefern Catull die Rolle eines Gottes, Ravidus die eines ewigen Büßers einnimmt.

Arbeitsaufträge und Fragen zu carmen 43:

1 Erstellen Sie eine Gliederung des Gedichts.

2 a) Aus welchem Sachfeld stammen die meisten Substantive der Verse 1–5? Erstellen Sie dazu eine Wortliste.
b) Was ist Thema des Gedichts?

3 Welche Wirkung erzielt Catull, wenn er erst in V. 5 die Adressatin des Gedichts nennt?

4 Was ist bei der formal-stilistischen Gestaltung der Verse 1–5 auffallend?

5 Welches Bild zeichnet der Autor von der puella und von Lesbia? Achten Sie dabei auf die Verwendung von sprachlich-stilistischen Mitteln.

6 Wie hängen die Verse 6–8 formal und inhaltlich mit den Versen 1–5 zusammen?

7 Was ist nach ihrer Meinung die Aussage des Gedichts?

8 Versuchen Sie Catulls Vorstellung von Schönheit zu erläutern. Stützen Sie sich bei Ihren Ausführungen auf den folgenden Begleittext und auf die Abbildung S. 49.

Begleittext zu carmen 43

c. 86 (Catull)

Quintia formosa est multis, mihi candida, longa,
recta est. haec ego sic singula confiteor,
totum illud ‚formosa‘ nego: nam nulla venustas,
nulla in tam magno est corpore mica salis.
Lesbia formosa est, quae cum pulcerrima tota est,
tum omnibus una omnes surripuit Veneres.

Quintia halten viele für schön, ich für strahlend weiß, lang, gerade gewachsen. Jedes für sich gebe ich zu, aber alles zusammen ‚schön‘? Nein! Da ist keine Anmut, in dem ganzen so großen Körper kein Fünkchen Witz. Lesbia aber ist schön, sie ist es ganz und hat alles, was Anmut heißt, allen auf einmal entwendet.
(M. v. Albrecht, a. a. O., S. 151)

Arbeitsaufträge und Fragen zu carmen 46:

1 Gliedern Sie das Gedicht anhand des Satzbaus und versehen Sie jeden Sinnabschnitt mit einer Überschrift.

2 a) Welches Sachfeld durchzieht das Gedicht?
b) Was ist Thema des Gedichts?

3 Beschreiben Sie die Aufbruchsstimmung Catulls.

4 Erläutern Sie den Zusammenhang zwischen der Natur und dem Aufbruch zur Reise.

5 Untersuchen Sie das Gedicht auf Stilmittel und deren Bedeutung für den Inhalt.

6 a) Erkundigen Sie sich über Verkehrsmittel zur Zeit Catulls.
b) Erkundigen Sie sich anhand einer Landkarte über berühmte Städte der römischen Provinz Asia wie z. B. Troja, Pergamon, Ephesos, Smyrna und Milet.
c) Recherchieren Sie anhand von c. 4, 6–9 Catulls Reiseroute und suchen Sie andere berühmte Städte des Altertums, die auf dieser Route lagen.

Arbeitsaufträge und Fragen zu carmen 49:

1 Beschreiben Sie den formalen Aufbau des Gedichts.

2 a) Was ist das Thema des Gedichts?
b) Was ist an der Ausführung des Themas ungewöhnlich?

3 a) Untersuchen Sie das Gedicht auf sprachliche und rhetorische Auffälligkeiten.
b) Charakterisieren Sie den Sprachstil im Zusammenhang mit der Aussage des Gedichtes.

4 Worauf beruht der Spott gegen Cicero? Untersuchen Sie dazu den Stil der Cicero-Stellen im folgenden Begleittext (1–5) und vergleichen Sie ihn mit dem Stil unseres Gedichts.

5 Laut Dudens Fremdwörterbuch ist eine Persiflage „eine feine, geistreiche Verspottung durch übertreibende oder ironisierende Darstellung bzw. Nachahmung.“ Versuchen Sie, dieses Gedicht als Persiflage zu deuten.

Begleittext zu carmen 49

Während seines Konsulats im Jahre 63 v. Chr. feierte Cicero seinen größten politischen Triumph durch die Niederschlagung der sog. Catilinarischen Verschwörung. Die vier Reden, die er anlässlich dieses Ereignisses hielt, wurden nach einer Umarbeitung erst im Jahre 60 v. Chr. veröffentlicht.

① Atque haec omnia sic agentur; Quirites, ut maximae res minimo motu, pericula summa nullo tumultu, bellum intestinum ac domesticum post hominum memoriam crudelissimum et maximum me uno togato duce et imperatore sedetur.
(In Catilinam, Oratio II, 28)

Und all dies wird so geschehen, Quiriten: Die wichtigsten Dinge werden mit der geringsten Unruhe erledigt, die höchsten Gefahren ohne Lärm beseitigt, der innere, im eigenen Land geführte Krieg – der grausamste und schlimmste Krieg seit Menschengedenken – wird einzig durch mich als Führer und Feldherr in der Toga beendet.
(Übersetzung: Th. Dold)

② Quos (deos) vos, Quirites, precari, venerari, implorare debetis, ut, quam urbem pulcherrimam florentissimamque esse voluerunt, hanc, omnibus hostium copiis terra marique superatis, a perditissimorum civium nefario scelere defendant.
(In Catilinam, Oratio II, 29)

Ihr müsst sie (die Götter) bitten, verehren und anflehen, dass sie diese Stadt, die nach ihrem Willen die schönste und blühendste ist, nachdem alle feindlichen Truppen zu Wasser und zu Lande besiegt sind, vor dem ruchlosen Verbrechen der verkommensten Bürger schützen.
(Übersetzung: ders.)

③ Primum mihi gratiae verbis amplissimis aguntur, quod virtute, consilio, providentia mea res publica maximis periculis sit liberata.
(In Catilinam, Oratio III, 14)

Zunächst wird mir mit den feierlichsten Worten Dank ausgesprochen, dass durch meine Tüchtigkeit, Umsicht und Voraussicht der Staat von den größten Gefahren befreit wurde.
(Übersetzung: ders.)

④ Quamquam haec omnia, Quirites, ita sunt a me administrata, ut deorum immortalium nutu atque consilio et gesta et provisa esse videantur.
(In Catilinam, Oratio III, 18)

All dies jedoch, Quiriten, wurde von mir so durchgeführt, dass man glauben möchte, es sei durch den Willen und den Ratschluss der unsterblichen Götter vollbracht und besorgt worden.
(Übersetzung: ders.)

⑤ [...] tantam laudem, quanta vos me vestris decretis honestastis, nemo est adsecutus. Ceteris enim bene gestae, mihi uni conservatae rei publicae gratulationem decrevistis.
(In Catilinam, Oratio IV, 20)

[...] einen so großen Ruhm, wie ihr ihn mir durch eure Beschlüsse ehrenhalber zuerkannt habt, hat noch nie jemand erlangt. Anderen habt ihr für eine gute Führung des Staates, mir als einzigem habt ihr für den Erhalt des Staates ein Dankfest zugesprochen.
(Übersetzung: ders.)

Arbeitsaufträge und Fragen zu carmen 50:

1 Erstellen Sie eine Gliederung dieses Gedichtes anhand der Personenendungen und Tempora der Prädikate.

2 a) Geben Sie kurz den Handlungsverlauf anhand der jeweiligen Stimmung wieder.
b) Suchen Sie für jeden Abschnitt eine Überschrift.

3 Verdeutlichen Sie an den Begriffen otiosi (V. 1), lusimus (V. 2), delicatos (V. 3), versiculos (V. 4), lepore … facetiisque (V. 7f.) Catulls Lebensform als Dichter.

4 Die Welt der römischen Bauern, Soldaten und Politiker bestand aus harter Arbeit, die mit den Begriffen officium und negotium bezeichnet wird.
Wie muss vor diesem Hintergrund das Dichterleben Catulls auf die traditionsverbundenen Römer gewirkt haben?
Beziehen Sie sich in Ihrer Antwort auf den Ausdruck otiosi in Vers 1.

5 Im Mittelteil beschreibt Catull seine Ruhelosigkeit. Untersuchen Sie diesen Abschnitt auf syntaktische und stilistische Besonderheiten und deren Bedeutung für den Inhalt.

6 a) Nennen Sie in den Versen 9–17 die Begriffe, die zur Sprache der Liebe gehören.
b) Wie deuten Sie die Tatsache, dass Catull mit dem Vokabular der Liebessprache seine Sehnsucht nach Licinius zum Ausdruck bringt?

7 Inwiefern legt der Mittelteil des Gedichtes den Schluss nahe, Catulls dichterische Aktivität als negotium, d. h. als (Lebens-) Aufgabe zu betrachten?

8 In welchem Zusammenhang stehen die Verse 18–21 zum übrigen Gedicht?

9 Erläutern Sie anhand dieses Gedichts, welches die bevorzugten Gegenstände der Dichtung Catulls sind.

10 Wodurch erweist sich der lepos dieses Gedichts?

11 Versuchen Sie die Aussage des folgenden Begleittextes auf unser Gedicht zu übertragen.

Begleittext zu carmen 50

Es gibt einen Mann, der eine Anzahl herrlicher Sätze geschrieben hat, und bei der Lektüre dieser Sätze wird mein Neid immer wieder geweckt. Ich meine Kurt Tucholsky […] Er hat manchmal, in einzelnen Bonmots, einzelnen Sätzen, genau das ausgedrückt, was auch ich in Sachen Literatur glaube, meine, spüre. Er hat einmal geschrieben: „Entweder du liest eine Frau oder du umarmst ein Buch." Wenn man das erotische Verhältnis zur Literatur kurz ausdrücken kann, dann hat er es hier wunderbar getan. Ja, es ist schon was Wahres dran, dass ich mich in Bücher verlieben kann. Mein Verhältnis zur Literatur hat wohl einen erotischen Anstrich. Ich habe nie die Literatur als Archivar betrachten können [...]

(M. Reich-Ranicki, Der doppelte Boden – Ein Gespräch mit Peter von Matt, Frankfurt 1994, S. 126)

Arbeitsaufträge und Fragen zu carmen 51:

1
a) Gliedern Sie dieses Gedicht anhand des Satzbaus (Syntax) und der Pronomina.
b) Zeigen sie anhand der Pronomina der Verse 1–6 a und 6–7, dass Lesbia den Mittelpunkt von Catulls Leben bildet.

2 Fassen Sie den Inhalt der einzelnen Abschnitte kurz zusammen.

3
a) Beschreiben Sie die Wirkung Lesbias auf den Dichter (V. 6 b–12), indem Sie darauf achten, welchem gemeinsamen Sachfeld die betreffenden Begriffe zugehören.
b) In welchem Zusammenhang stehen die Stilfiguren dieses Abschnittes zum Inhalt dieser Verse?
c) Wie muss Catulls Darstellung seiner Gefühle auf die Römer gewirkt haben? Beachten Sie dabei, dass in der Zeit vor Catull die Liebesleidenschaft in der Literatur ausschließlich von Frauen erlebt wurde.

4
a) Erläutern Sie, warum ille gottgleich ist.
b) Warum bezeichnet sich der Dichter als miser?
c) Wie steht der Dichter zu ille?
d) Welche Funktion kommt ille zu?

5 Betrachtet man den Verlauf dieses Gedichtes, tritt in der 4. Strophe ein Überraschungseffekt ein.
a) Wie wird dieser Überraschungseffekt erzielt?
b) Was will der Dichter damit beim Leser erreichen?

6
a) An welchen formalen Merkmalen ist der Zusammenhang zwischen den Strophen 1–3 und 4 erkennbar?
b) Erläutern Sie, warum otium für Catull zu einer Last wird.
c) Warum bringt Catull otium mit dem Schicksal von Königen und Städten in Verbindung?
d) Wie hängt die 4. Strophe inhaltlich mit den Strophen 1–3 zusammen?

7
a) Worin unterscheidet sich Catulls c. 51 vom folgenden Begleittext?
b) Was mag Catull bewogen haben, Sapphos Gedicht als Vorlage zu verwenden?

8 Wie beurteilen Sie das Verhältnis Catulls zu Lesbia in c. 51?
Ziehen Sie auch andere Liebesgedichte Catulls zum Vergleich heran.

Begleittext zu carmen 51

Carmen 51 lehnt sich eng an ein berühmtes Gedicht der griechischen Dichterin Sappho (ca. 600 v. Chr.) an. Es handelt sich hierbei um ein fragmentarisch überliefertes Gedicht, das der Lebenswelt ihrer Erziehungsgemeinschaft mit jungen adligen Frauen entstammt. Sappho unterwies ihre Gefährtinnen in Musik, Dichtung und Tanz. Für einige von ihnen soll Sappho große Zuneigung empfunden haben.
Das vorliegende Gedicht ist an eine junge Frau gerichtet, die den Kreis verlässt, um zu heiraten.

Sappho 2

Scheinen will mir, daß er den Göttern gleich ist,
Jener Mann, der neben dir sitzt, dir nahe
Auf den süßen Klang deiner Stimme lauscht und,
wie du voll Liebreiz

Ihm entgegenlachst: doch, fürwahr, in meiner
Brust hat dies die Ruhe geraubt dem Herzen.
Wenn ich dich erblicke, geschieht's mit einmal,
daß ich verstumme.

Denn bewegungslos liegt die Zunge, feines
Feuer hat im Nu meine Haut durchrieselt,
Mit den Augen sehe ich nichts, ein Dröhnen
braust in den Ohren.

Und der Schweiß bricht aus, mich befällt ein Zittern
Aller Glieder, bleicher als dürre Gräser
Bin ich, bald schon bin einer Toten gleich ich
anzusehn ...

Aber alles muß man ertragen, da doch
[...]
(Übersetzung: W. Eisenhut, a. a. O., S. 109)

Arbeitsaufträge und Fragen zu carmen 52:

1. Beschreiben Sie den formalen Aufbau des Gedichts.
2. Charakterisieren Sie Catulls Gefühlslage. Berücksichtigen Sie dabei stilistische Erscheinungen.

3 Was ist Auslöser für Catulls Fragen?

4 Erläutern Sie mithilfe des folgenden Begleittextes die politische Situation zur Zeit Catulls.

5 Was mag für Catull in seiner Verzweiflung eine Hilfe gewesen sein? Versuchen Sie, anhand der Stichworte ‚Freundeskreis' und ‚Dichtung' eine Antwort zu finden.

Begleittext zu carmen 52

Der Geschichtsschreiber Sallust (86–34 v. Chr.) war Zeitgenosse Catulls und ein vehementer Kritiker seiner Zeit.
Im Vorwort seines Geschichtswerks „Historiae" beurteilt er die herrschende Moral im Staate:

I.
Nam iniuriae validiorum et ob eas discessio plebis a patribus aliaeque dissensiones domi fuere iam inde a principio ... (I, 11).

Denn die Ungerechtigkeiten der Stärkeren und die durch diese bedingte Trennung der Plebs von der Senatspartei und andere Entzweiungen herrschten im Innern schon vom ersten Anfang an.
(Sallust, Historiae, Zeitgeschichte, übersetzt von O. Leggewie, Stuttgart 1975, S. 6)

II.
Postquam remoto metu Punico simultates exercere vacuum fuit, plurumae turbae, seditiones et ad postremum bella civilia orta sunt, dum pauci potentes, quorum in gratiam plerique concesserant, sub honesto patrum aut plebis nomine dominationes adfectabant, bonique et mali cives adpellati non ob merita in rem publicam omnibus pariter corruptis, sed uti quisque locupletissimus et iniuria validior, quia praesentia defendebat, pro bono ducebatur (I, 12).

Seitdem die Furcht vor den Puniern beseitigt war und man wieder freie Zeit hatte, Rivalitäten auszutragen, entstanden sehr viele Unruhen, Aufstände und schließlich Bürgerkriege, indem nur wenige Mächtige, deren Gnade die meisten sich anheimgegeben hatten, unter dem ehrbaren Namen des Senats oder der Plebs nach Alleinherrschaft trachteten; und da alle in gleicher Weise verdorben waren, bezeichnete man Bürger als gut und schlecht nicht wegen ihrer Verdienste gegenüber dem Staat, sondern je nachdem, wie ein jeder besonders begütert und im gewaltsamen Vorgehen stärker war, weil er schützend eintrat für die augenblicklichen Verhältnisse.
(ebenda, S. 8)

Arbeitsaufträge und Fragen zu carmen 58:

1. Welche Bedeutung hat der Satzbau für den Inhalt des Gedichts?
2. Erläutern Sie ausgehend von den beiden Prädikaten die Stimmung Catulls.
3. a) Welche formalen und inhaltlichen Anhaltspunkte verdeutlichen die antithetische Struktur des Gedichts?
   Achten Sie auf konträre Begriffe, die Wortwahl und die Ausdrucksweise.
   b) Was will Catull mit dieser antithetischen Struktur zum Ausdruck bringen?
4. Wie deuten Sie den Wechsel des Pronomens (Lesbia) nostra zu (Lesbia) illa?
5. Vergleichen Sie Catulls Bild von Lesbia mit Sallusts Charakterisierung von Sempronia (Begleittext zu c. 58).
6. Das Gedicht endet in Verachtung und Hass auf Lesbia. Ergreifen Sie Partei für Lesbia, indem Sie Catulls Verachtung zurückweisen.
7. Suchen Sie einen Titel für dieses Gedicht.
8. Vergleichen Sie die Darstellung der Frau auf dem Bild von Pablo Picasso (Farbteil, S. 66) mit Lesbia, wie sie in c. 58 erscheint.

Begleittext zu carmen 58

In seiner Schrift „Catilina" gibt der Geschichtsschreiber Sallust (86–34 v. Chr.) ein Porträt der Sempronia:

Sed in iis[1] erat Sempronia, quae multa saepe virilis audaciae facinora commiserat. haec mulier genere atque forma, praeterea viro liberis satis fortunata fuit; litteris Graecis Latinis docta, psallere [et] saltare elegantius quam necesse est probae, multa alia, quae instrumenta luxuriae sunt. sed ei cariora semper omnia quam decus atque pudicitia fuit; pecuniae an famae minus parceret, haud facile discerneres; lubido sic accensa, ut saepius peteret viros quam peteretur. sed ea saepe antehac fidem prodiderat, creditum abiuraverat, caedis conscia fuerat: luxuria atque inopia praeceps abierat. verum ingenium eius haud absurdum: posse versus facere, iocum movere, sermone uti vel modesto vel molli vel procaci; prorsus multae facetiae multusque lepos inerat.

1 Mit **iis** sind die Anhänger Catilinas gemeint.

Aber unter diesen war Sempronia, die oft viele Verbrechen, die männliche Verwegenheit erforderten, begangen hatte. Diese Frau war durch ihre Abstammung und Schönheit, außerdem durch Mann und Kinder vom Glück recht begünstigt; sie war in griechischer und lateinischer Literatur bewandert, konnte musizieren

und eleganter tanzen, als nötig ist für eine anständige Frau, und vieles andere, was zum Wohlleben gehört. Aber ihr war immer alles lieber gewesen als Anstand und Schamhaftigkeit; ob sie ihr Geld oder ihren Ruf weniger schonte, hätte man nicht leicht entscheiden können; ihre Leidenschaft war so hemmungslos, daß sie öfter Männer begehrte, als daß sie begehrt wurde. Aber sie hatte schon oft vorher ihr Wort gebrochen, anvertrautes Gut abgeschworen, war Mitwisserin bei Mord gewesen, durch Wohlleben und Mangel auf die schiefe Bahn geraten. Freilich ihr Verstand war nicht unbedeutend: sie konnte Verse machen, hatte lustige Einfälle, war im Gespräch bescheiden oder anzüglich oder vorlaut; kurz, viel Witz, viel Charme besaß sie.
(Sallust, Historische Schriften, übersetzt von A. Lambert, a. a. O., S. 47)

Arbeitsaufträge und Fragen zu carmen 70:

1 a) Welche Begriffe wiederholen sich in diesem Gedicht?
b) Stellen Sie anhand dieser Begriffe das Thema fest.

2 Catull gebraucht in diesem Gedicht die Begriffe mulier und nubere. Worin liegt der Unterschied von diesen Begriffen zu puella und amare?

3 Was will Catull mit den Bildern von Wind und Wasser veranschaulichen?

4 Erläutern Sie, warum Catull nur das Präsens verwendet.

5 Wie stehen Sie persönlich zu Catulls Aussage der Verse 3–4?

6 Das vorliegende Gedicht ist das erste Epigramm in unserer Gedichtauswahl. Welche in dem folgenden Begleittext aufgeführten Merkmale sind in diesem Gedicht zu finden?

Begleittext zu carmen 70

Das griechische Wort ‚**Epigramm**' bezeichnete ursprünglich eine Inschrift, die auf Grabsteinen, Statuen oder Weihgefäßen angebracht war. Im Laufe der Zeit verlor das Epigramm seine Funktion als Inschrift und entwickelte sich zu einer eigenständigen Gattung.
In der römischen Literatur hat sich neben Catull besonders Martial (40–102 n. Chr.) als Epigrammatiker einen Namen gemacht.
Kennzeichen des Epigramms sind:

- Elegisches Distichon als hauptsächliches Metrum (vgl. Einleitung, S. 14f.)
- Kürze
- Prägnanz im Ausdruck
- Antithetische Struktur (formal und inhaltlich)

- Pointe („Erwartung“ und „Aufschluss“ nach der Definition Lessings)
- Inhalt: Satire, Spott, Trauer

Arbeitsaufträge und Fragen zu carmen 72:

1. Gliedern Sie das Gedicht anhand der Tempora.
2. Erläutern Sie den Zusammenhang der Verse 1–4 und 5–8. Wie ist dabei *nunc te cognovi* (V. 5) zu verstehen?
3. a) Sammeln Sie alle Begriffe, die dem Sachfeld ‚Liebe‘ zuzuordnen sind und grenzen Sie deren Bedeutungsinhalt gegeneinander ab.
   b) Was ergibt sich daraus für Catulls Haltung gegenüber Lesbia?
   c) Erläutern Sie Catulls Vorstellung von wahrer Liebe. Beziehen Sie sich auch auf c. 76.
4. An welchen sprachlichen, syntaktischen und lautlichen Merkmalen wird der Unterschied zwischen dem früheren Glück (V. 1–4) und dem jetzigen Zwiespalt Catulls (V. 5–8) deutlich?
5. In c. 58 reagiert Catull sehr emotional, als ihm klar wird, dass Lesbia seine Liebe nicht erwidert. Wie fällt Catulls Reaktion im vorliegenden Gedicht aus?
6. Catull gestaltet dieses Gedicht in Form eines Dialoges mit Lesbia. Wie deuten Sie diese Gesprächssituation?
7. Vergleichen Sie c. 72 mit dem Bild von Edvard Munch (Farbteil, S. 67). Wo entdecken Sie Übereinstimmungen, wo Unterschiede?

Arbeitsaufträge und Fragen zu carmen 73:

1. Beschreiben Sie den Gedankengang des Gedichts.
2. Erläutern Sie Catulls Gefühlslage unter Berücksichtigung sprachlicher und stilistischer Erscheinungen.
3. a) Untersuchen Sie das Gedicht auf die Wortarten ‚Indefinitpronomen‘ und ‚Substantiv‘.
   b) Welche Bedeutung hat dies für die Aussage des Gedichts?
4. a) Warum ist Catull verzweifelt?
   b) Vergleichen Sie Catulls Anschauung mit dem folgenden Begleittext.
5. Arbeiten Sie anhand dieses Gedichts Catulls Vorstellung von Freundschaft heraus.
6. Wie beurteilen Sie Catulls Aussage in diesem Gedicht?

Begleittext zu carmen 73

Der Geschichtsschreiber Sallust (86–34 v. Chr.) beschreibt in seiner Schrift „Catilina" den moralischen Niedergang innerhalb der römischen Gesellschaft:

Igitur primo pecuniae, deinde imperi cupido crevit: ea quasi materies omnium malorum fuere. Namque avaritia fidem, probitatem ceterasque artes bonas subvortit; pro his superbiam, crudelitatem, deos neglegere, omnia venalia habere edocuit. Ambitio multos mortales falsos fieri subegit, aliud clausum in pectore, aliud in lingua promptum habere, amicitias inimicitiasque non ex re, sed ex commodo aestumare, magisque voltum quam ingenium bonum habere.
(Catilina, 10, 3–5)

Und so wuchs zuerst die Gier nach Geld, dann die nach Herrschaft; dies war gleichsam der Urgrund aller Übel. Denn die Habsucht unterhöhlte Treue, Ehrlichkeit und die übrigen guten Eigenschaften; an deren Stelle lehrte sie Hochmut, Grausamkeit, die Götter mißachten, alles für käuflich ansehen. Der Ehrgeiz zwang viele Menschen, falsch zu werden, das eine verschlossen im Herzen, das andere vorn auf der Zunge zu tragen, Freundschaften und Feindschaften nicht sachlich, sondern nach dem Nutzen zu beurteilen und eher ein anständiges Äußeres als eine anständige Gesinnung zu haben.
(Sallust, Historische Schriften, übersetzt von A. Lambert, a. a. O., S. 36)

Arbeitsaufträge und Fragen zu carmen 76:

1 a) Gliedern Sie dieses Gedicht anhand der Prädikate in drei Abschnitte.
b) Beschreiben Sie ausgehend von Pkt. 1 a die Tonlage der einzelnen Abschnitte.

2 Was ist das Thema des Gedichts?

3 Warum will sich Catull von seiner Liebe befreien?

4 a) Mit welchen Begriffen bezeichnet Catull seine Liebe?
b) Wie fällt die Einschätzung seiner Liebe im Verlaufe des Gedichts aus?

5 Beschreiben Sie die Art und Weise, in der Catull von seiner Liebe loskommen will. Beachten Sie die Verwendung rhetorischer Figuren.

6 Catull wendet sich in seiner Not an die Götter. Womit rechtfertigt er seinen Wunsch?

7 Erläutern Sie, inwiefern man im Verlauf des Gedichts von einer zunehmenden Dramatik sprechen kann.

8 Im vorliegenden Gedicht beschreibt Catull den Versuch, mit seiner unglücklichen Liebe fertig zu werden.
Suchen Sie in den Gedichten 8, 51, 58, 70 und 85 nach Motiven der unglücklichen Liebe Catulls.

Arbeitsaufträge und Fragen zu carmen 83:

1 a) Arbeiten Sie gegensätzliche Begriffe heraus.
b) Wie hängen diese Begriffe miteinander zusammen?

2 Wie fassen jeweils Lesbias Ehemann und Catull die Tatsache auf, dass Lesbia Catull beschimpft?

3 Welche formalen Mittel setzt Catull ein, um die Schlussfolgerung von Lesbias Ehemann zu widerlegen?
Erstellen Sie dazu ein Schaubild mit der Abfolge der Prädikate.

4 In welchem Ton spricht Catull?

5 Welche Gründe könnten Lesbia veranlasst haben, Catull zu beschimpfen? Beziehen Sie sich auf andere Catull-Gedichte.

6 Zeigen Sie Unterschiede und Gemeinsamkeiten zwischen dem vorliegenden Gedicht und dem folgenden Begleittext auf.

Begleittext zu carmen 83

c. 92 (Catull)

Lesbia mi dicit semper male nec tacet umquam
  de me: Lesbia me dispeream nisi amat.
quo signo? quia sunt totidem mea: deprecor illam
  assidue, verum dispeream nisi amo.

Lesbia redet stets schlecht von mir und kann gar nicht schweigen;
  Gift will ich nehmen darauf: Lesbia hat mich noch lieb!
Und der Beweis? s ist genau wie bei mir: ich verwünsche sie stets – doch
  Gift will ich nehmen darauf: Immer noch hab ich sie lieb.

(Übersetzung: O. Weinreich, a. a. O., S. 152)

Arbeitsaufträge und Fragen zu carmen 85:

1. Beschreiben Sie die formalen Auffälligkeiten dieses Gedichts. Beachten Sie die Wortarten, das Tempus und die Personenendungen.
2. Beschreiben Sie anhand des Vokabulars den Stil des Gedichts.
3. Erläutern Sie die Entwicklung des Geschehens.
4. a) Notieren Sie alle Verbformen;
   I. in einer Zeile,
   II. entsprechend der Anordnung im Distichon
   und ordnen Sie graphisch entsprechende Begriffe einander zu.
   b) Untersuchen Sie anhand von Pkt. 4 a das Gedicht auf Stilmittel (rhetorische Figuren, Längen und Kürzen des Metrums, Pausen) und bestimmen Sie deren Bedeutung für den Inhalt.
5. Bestimmen Sie das Verhältnis von Vernunft und Gefühl.
6. Suchen Sie einen Titel für dieses Gedicht.
7. Erklären Sie mithilfe des Begleittextes 1 die Ausdrücke odi et amo und excrucior.
8. Bestimmen Sie das Verhältnis von Form und Inhalt dieses Gedichts.
9. a) Vergleichen Sie anhand der Wortarten, der Wortfolge und der Satzglieder Ihre Übersetzung des Gedichts mit dem lateinischen Original.
   b) Vergleichen Sie die Übersetzungen (Begleittext 2) mit Catulls c. 85. Welche Übersetzung kommt Ihrer Meinung nach dem lateinischen Original am nächsten?

Begleittext 1 zu carmen 85

c. 75 (Catull)

Huc est mens deducta tua, mea Lesbia, culpa
atque ita se officio perdidit ipsa suo,
ut iam nec velle queat tibi, si optima fias,
nec desistere amare, omnia si facias.

Dahin, o Lesbia, ist mein Herz nun gekommen – durch deine
Schuld! – und hat es sich selbst durch seine Dienste gebracht,
dass ich dich weder zu achten vermag – und würdest du fehllos,
noch vom Begehren lass – auch wenn das Ärgste du tust.

(Übersetzung: O. Weinreich, a. a. O., S. 141)

Begleittext 2 zu carmen 85

① Hassen und lieben zugleich muss ich. – Wie das? – Wenn ich's wüsste!
Aber ich fühl's, und das Herz möchte zerreißen in mir.
(E. Mörike, 1840)

② Haß und Liebe zugleich heg' ich. Du fragst nach dem Grunde?
Weiß nicht; dass es so ist aber, empfind' ich mit Schmerz.
(W. S. Teuffel, 1855)

③ Haß und Liebe zugleich durchglüht mich. Weswegen? Ich weiß nicht,
aber ich fühl's nun einmal, fühl es mit höllischer Pein.
(F. Pressel, 1860)

④ Hassen und lieben zugleich. Du fragst wohl, warum ich's so treibe.
Weiß nicht. Dass es mich treibt, fühl ich und martre mich ab.
(E. Norden, 1923)

⑤ O, ich hasse und liebe! Weshalb ich es tue, du fragst's wohl.
Weiß nicht! Doch dass es geschieht, fühl ich – unendlich gequält.
(O. Weinreich, 1960)

⑥ Hassen und lieben muss ich. Warum ich das muss, wirst du fragen.
Weiß ichs? Ich fühle, so ists, trag es, gekreuzigt zu sein.
(C. Fischer, 1995)

Arbeitsaufträge und Fragen zu carmen 93:

1 Wie steht Catull zu Caesar?

2 Stellen Sie einen Zusammenhang zwischen der Länge und dem Inhalt des Gedichts dar.

3 a) Setzen Sie in beiden Versen die Zäsur.
b) Verdeutlichen Sie den Zusammenhang zwischen der Versgliederung durch die Zäsuren und der syntaktischen Gliederung.

4 Beurteilen Sie die Wirkung des Gedichts auf Caesar.

5 a) Der Rhetoriker Quintilian (35–96 n. Chr.) bezeichnete den Gebrauch der Worte im Pentameter als Wahnsinn – insania (Institutio Oratoria, XI, 1, 38). Erläutern Sie diese Sichtweise.
b) Teilen Sie die Sichtweise Quintilians?

6 Vergleichen Sie die Tonlage des Gedichts mit der von c. 29.

7 Erläutern Sie anhand des folgenden Begleittextes die Reaktion Caesars auf die Angriffe Catulls.

Begleittext zu carmen 93

In seiner Biographie über die römischen Kaiser berichtet Sueton (70–140 n. Chr.) u. a. über Caesar:

Andererseits saßen seine Feindschaften nie so tief, dass er sie nicht bei Gelegenheit gerne beilegte. [...] Valerius Catullus, der ihm, wie ihm ganz klar war, mit seinen Gedichtchen über Mamurra einen dauernden Schimpf angetan hatte, lud er, als dieser ihm Genugtuung geleistet hatte, noch am gleichen Tag zum Essen ein und blieb auch mit dessen Vater in alter Gastfreundschaft verbunden (Kap. 73).

Während des Bürgerkriegs und auch nach seinem Sieg zeigte er eine bewunderungswürdige Mäßigung und Milde (Kap. 75).

(Übersetzung: A. Lambert, a. a. O., S. 44 f.)

Arbeitsaufträge und Fragen zu carmen 95:

1 a) Gliedern Sie dieses Gedicht. Beachten Sie dabei die Tempora, die Konnektoren und die Angabe der Autoren und ihrer Werke.
b) Welche gedankliche Struktur wird anhand der Gliederung deutlich?

2 Geben Sie die Aussage der jeweiligen Abschnitte wieder. Achten Sie in diesem Zusammenhang auf Stilmittel und erklären Sie deren inhaltliche Bedeutung.

3 a) Welches Kunstverständnis repräsentieren Cinna einerseits und die Autoren Hortensius und Volusius andererseits?
Fertigen Sie dazu ein Schaubild an, indem Sie Autor, Werk, Entstehungsdauer, Umfang, Verbreitungsgrad, Verwendungszweck und Publikum einander gegenüberstellen.
b) Mit welchem Kunstideal identifiziert sich Catull?

4 Zeigen Sie, dass dieses Gedicht Catulls über das Gedicht des Cinna selbst ein Beispiel für das neoterische Dichtungsideal darstellt.

5 Im letzten Distichon kommt Catull auf das Lesepublikum zu sprechen. Wie muss man sich den Leser vorstellen, der Cinnas Gedicht „Zmyrna“ bzw. Catulls Ge-

dichte mit Vergnügen liest? Schildern Sie Ihre Leseerfahrung, die Sie bei der Lektüre von Catulls Gedichten machten. Beziehen Sie sich dabei auf den folgenden Begleittext.

6 Die Neoteriker berufen sich in ihrem Dichtungsverständnis auf den griechischen Dichter und Gelehrten Kallimachos. Dieser vergleicht die Erzeugnisse der Epiker mit dem assyrischen Strom, der viel Schlamm und Schmutz in seinen Fluten mit sich führt; seine eigenen Gedichte dagegen erscheinen ihm als spärliches Nass aus einem reinen klaren Quell (Hymnus 2, Ad Apollinem, 108–112). Beziehen Sie die Aussage des Kallimachos auf Catulls Gedicht.

Begleittext zu carmen 95

Im folgenden Briefausschnitt beschreibt Plinius d. J. (61–113 n. Chr.) die Wirkung seiner Hendekasyllaben (elfsilbige Verse). Adressat ist ein gewisser Paternus.

accipies cum hac epistula hendecasyllabos nostros, quibus nos in vehiculo, in balineo, inter cenam oblectamus otium temporis. his iocamur, ludimus, amamus, dolemus, querimur, irascimur; describimus aliquid modo pressius, modo elatius atque ipsa varietate temptamus efficere, ut alia aliis, quaedam fortasse omnibus placeant.
(Plinius d. J., Epistulae IV 14, 2–3)

Mit diesem Brief erhältst du meine elfsilbigen Verse, mit denen ich auf Reisen, im Bad und beim Essen vergnügt die freie Zeit verbringe. In ihnen scherze, spiele, liebe, trauere, klage und zürne ich; den jeweiligen Gegenstand beschreibe ich mal knapper, mal ausführlicher und versuche gerade durch Abwechslung zu erreichen, dass den einen dieses, den anderen jenes, etliches vielleicht allen davon gefällt.
(Übersetzung: Th. Dold)

Arbeitsaufträge und Fragen zu carmen 101:

1 Welches Sachfeld bestimmt das Thema des Gedichts?

2 Beschreiben Sie den Aufbau des Gedichts unter dem Gesichtspunkt von Wortwiederholungen.

3 a) Inwiefern besteht ein Zusammenhang zwischen dem Aufbau und dem Inhalt des Gedichts?
b) Achten Sie dabei auf die stilistischen und metrischen Erscheinungen.

4 Welches Bild verbindet Catull mit dem Tod des Bruders?

5 Untersuchen Sie den Lautcharakter des Gedichts.

6 Erläutern Sie anhand des Gedichts das Verhältnis von der Macht des Todes und der Macht der Dichtung.
Ausgangspunkt soll folgende Textstelle aus Petrons „Satyrikon" bilden, worin der neureiche Freigelassene Trimalcho einen Freund um den Bau eines Grabmals bittet:
„aedificas monumentum meum, quemadmodum te iussi? valde te rogo ..., ut mihi contingat tuo beneficio post mortem vivere." (71, 5f.)

7 Woran ist zu erkennen, dass die Abbildung eine Szene am Grab darstellt?

Arbeitsaufträge und Fragen zu carmen 105:

1 Geben Sie den Inhalt wieder.

2 Wodurch wird deutlich, dass es sich um ein Spottgedicht handelt?

3 Worüber macht sich Catull lustig?

4 a) Versehen Sie das Gedicht mit Längen, Kürzen und Zäsuren.
b) Erläutern Sie den Zusammenhang von Prosodie und Inhalt.

5 Welche stilistischen Erscheinungen betonen die inhaltliche Aussage?
Beachten Sie den Gegensatz: – von Begriffen,
– der Stilhöhe.

6 a) Welche Bilder verwendet Catull?
b) Welche Bedeutung hat die Verbindung dieser Bilder für die inhaltliche Aussage?

7 Erkundigen Sie sich per Lexikon oder Internet über die Musen.
Beschreiben Sie die Abbildung und setzen Sie sie in Bezug zu c. 105.
Berücksichtigen Sie dabei die Charakterisierung Mentulas alias Mamurra in c. 29.

Arbeitsaufträge und Fragen zu carmen 109:

1 Erstellen Sie eine Gliederung des Gedichts.

2 a) Untersuchen Sie das Gedicht auf bedeutungsähnliche Begriffe.
Halten Sie das Ergebnis in einem Schaubild fest.
b) Was ergibt sich als Thema des Gedichts?

3 a) Mit welchen Worten kennzeichnen Lesbia und Catull ihr jeweiliges Verständnis einer partnerschaftlichen Beziehung?
b) Wo liegen die Unterschiede, wo die Gemeinsamkeiten?

4 Wie beurteilen Sie die Tatsache, dass Catull in einem Distichon Lesbia zu Worte kommen lässt, sich aber in zwei Distichen an die Götter wendet?
Stützen Sie sich auf inhaltliche und formale Aspekte.

5 Vergleichen Sie das vorliegende Gedicht mit c. 70.

6 Welche Gedanken des Gedichts kommen im Bild von Marc Chagall (Farbteil, S. 68) zum Ausdruck?

Arbeitsaufträge und Fragen zu carmen 113:

1 a) Welche Wörter wiederholen sich im Gedicht?
b) Stellen Sie anhand dieser Wörter das Thema fest.

2 Formulieren Sie die Aussage des Gedichts.

3 a) Beschreiben Sie das Verhältnis von Syntax und Versgrenze.
b) Inwiefern unterstreicht dieser Sachverhalt die Aussage des Gedichts?

4 Wie vermittelt Catull dem Leser seine Botschaft?
Achten Sie: a. auf die Bewegung des Gedankens,
b. auf sprachlich-stilistische Besonderheiten.

5 In welchem Licht erscheint Pompeius?

6 Welches Bild zeichnet Catull vom moralischen Zustand der römischen Gesellschaft?

Lernvokabular zu carmen 1:

1	donāre	schenken
	novus, a, um	neu; neuartig, ungewöhnlich
	liber, librī m.	Buch
2	modo (Adv.)	eben gerade
3	nam	denn
	soleō, solitus sum, solēre (m. Inf.)	gewohnt sein, pflegen
4	aliquis, aliquid	irgendeiner, irgendetwas
	putō, putāre (m. AcI)	meinen, glauben
	(m. dopp. Akkusativ)	halten für
5	tum ..., cum ...	damals, als ...
	audeō, ausus sum, audēre	wagen, den Mut haben
	ūnus, a, um	ein(er), einziger
6	omnis, e	jeder, ganz
	trēs, tria	drei
7	doctus, a, um	gelehrt, gebildet
8	quidquid	was auch immer
9	virgō, inis f.	junge Frau, Jungfrau
10	plūs (mit abl. comparationis)	mehr (als)
	maneō, mānsī, mānsum, manēre	bleiben, fortdauern
	saeculum, ī n.	Zeitalter; Jahrhundert

Lernvokabular zu carmen 2:

1	passer, eris m.	Sperling, Spatz
	puella, ae f.	Mädchen; Geliebte
2	lūdō, lūsī, lūsum lūdere	spielen
	teneō, tenuī, tentum, tenēre	halten; besitzen
3	dō, dedī, datum, dare	geben
	appetō, appetīvī, appetītum, appetere	begehren; verlangen; angreifen
4	soleō, solitus sum, solēre	pflegen, gewohnt sein
	incitō, incitāre	zu etw. reizen, erregen; herausfordern zu
6	cārus, a, um	lieb, teuer, wertvoll
	nesciō quid	(ich weiß nicht, was), irgendetwas
7	dolor, ōris m.	Schmerz; Bedauern
8	crēdō, crēdidī, crēditum, crēdere	glauben; anvertrauen
	tum	dann, darauf
	gravis, e	schwer; ernst; ehrwürdig; bedrückend
9	sīcut	so wie, gleich wie
	ipse, a, um	selbst
	possum, potuī, posse	können, vermögen
10	trīstis, e	traurig; schmerzlich; unfreundlich, finster
	animus, ī m.	Geist; Herz; Gesinnung

	levō, levāre	erleichtern, lindern
	cūra, ae f.	Sorge; Pflege

Lernvokabular zu carmen 3

2	quantus, a, um	wie groß
	quantum (m. Gen. partitivus)	wie viel (an)
	homō, hominis m.	Mensch; Mann
3	passer, eris m.	Sperling, Spatz
	puella, ae f.	Mädchen; Geliebte
	morior, mortuus sum, morī	sterben
5	plūs (m. abl. comparationis)	mehr (als)
	oculus, ī m.	Auge
	amō, amāre	lieben
6	nōvī, nōvisse	kennen, wissen
7	ipse, ipsa, ipsum	(er, sie, es) selbst
	māter, tris f.	Mutter
	tam … quam	so … wie
8	ille, illa, illud	jener
	moveō, mōvī, mōtum, movēre	bewegen; veranlassen
9	modo … modo	bald (dies) … bald (das)
	hūc	hierhin
	illūc	dorthin
10	sōlus, a, um	allein
	domina, ae f.	Herrin
	ūsque	immerzu, ohne Unterbrechung
11	nunc	jetzt, nun
	eō, iī, itum, īre	gehen
	iter, itineris n.	Weg; Reise
12	unde	woher, von wo
	negō, negāre (m. AcI)	sagen, dass nicht; verneinen, leugnen
	redeō, rediī, reditum, redīre	zurückgehen, zurückkehren
	quisquam, quicquam (bei Verneinung)	jemand, etwas
	neque quisquam	und niemand
13	at	aber, hingegen
	malus, a, um	schlecht, böse
14	omnis, e	jeder, ganz; Pl.: alle, alles
15	auferō, abstulī, ablātum, auferre	wegnehmen, entreißen, rauben
16	factum, ī n.	Tat, Handlung; Geschehen
	miser, era, erum	elend, unglücklich
17	opera, ae f.	Tun; Mühe; Dienst
18	fleō, flēvī, flētum, flēre	weinen; beklagen

Lernvokabular zu carmen 4

1	ille, illa, illud	jener
	videō, vīdī, vīsum, vidēre	sehen
	hospes, itis m.	Gastfreund, Fremder
2	āit	er, sie sagt(e)
	navis, is f.	Schiff
	celer, is, e	schnell
3	ūllus, a, um	(überhaupt) ein
	neque ūllus	und kein
	impetus, ūs m.	Schwung, Ungestüm; Angriff
4	praetereō, praeteriī, praeteritum, praeterīre (aliquem)	(an jdm.) vorübergehen; (jdn.) übergehen; überholen
	sīve … sīve	sei es, dass … sei es, dass
5	opus est (m. Inf.)	es ist nötig, zweckmäßig
6	hic, haec, hoc	dieser
	negō, negāre	verneinen; sagen, dass nicht
7	lītus, oris n.	Küste, Strand
	īnsula, ae f.	Insel
	-ve	oder
8	nōbilis, e	edel, berühmt, vornehm
10	iste, a, ud	dieser da
	post/posteā (Adv.)	später
	anteā (Adv.)	früher
11	nam	denn, nämlich
	iugum, ī n.	Joch; Bergrücken, Höhe
12	saepe	oft
	ēdō, ēdidī, ēditum, ēdere	von sich geben; hervorbringen
16	stō, stetī, stāre	stehen
	dīcō, dīxī, dictum, dīcere	sagen, sprechen
18	inde	von dort
	tot	so viele
19	ferō, tulī, lātum, ferre	tragen, bringen; ertragen
	dexter, tra, trum	rechts
22	vōtum, ī n.	Gelübde, Wunsch
	deus, ī m.	Gott
23	faciō, fēcī, factum, facere	tun, machen
	veniō, vēnī, ventum, venīre	kommen
25	prius (Adv.)	früher
	nunc	jetzt, nun
26	quiētus, a, um	ruhig, gelassen

Lernvokabular zu carmen 5

1	vīvō, vīxī, vīvere	leben
	amō, amāre	lieben
2	senex, senis m.	Greis
	sevērus, a, um	streng, ernst
3	omnis, e	jeder, ganz; Pl.: alle, alles
	ūnus, a, um; Gen.: ūnius; Dat.: ūnī	einer
	aestimō, aestimāre	schätzen, für wert halten
4	sōl, sōlis m.	Sonne
	redeō, rediī, reditum, redīre	zurückgehen, zurückkehren
	possum potuī, posse	können, vermögen
5	brevis, e	kurz
	lūx, lūcis f.	Licht; Leben
6	nox, noctis f.	Nacht; Tod
	perpetuus, a, um	immerwährend, ewig
7	dō, dedī, datum, dare	geben
	mīlle, (Pl. mīlia, ium)	tausend
	dein(de)	dann, darauf
	centum	hundert
8	alter, era, erum	zweiter, weiterer
	secundus, a, um	zweiter
9	ūsque	immerzu, ohne Unterbrechung
10	multī, ae, a	viele
	faciō, fēcī, factum, facere	tun, machen
11	ille, illa, illud	jener
	sciō, scīvī, scīre	wissen, kennen
12	aliquis, aliquid	irgendeiner, irgendetwas
	malus, a, um	schlecht, böse
	invideō, invīdī, invīsum, invidēre (m. Dat.)	beneiden
13	tantum (Adv.; m. Gen. partitivus)	so viel (an)

Lernvokabular zu carmen 6

3	volō, voluī, velle	wollen
	dicō, dixī, dictum, dīcere	sagen, sprechen
	taceō, tacuī, tacēre	schweigen; verschweigen
	possum, potuī, posse	können, vermögen
4	vērum (Adv.)	aber; sondern
	nesciō, nescīvī, nescīre	nicht wissen
5	dīligō, dīlēxī, dīlēctum, dīligere	hochachten, lieben
	hic, haec, hoc	dieser
	fateor, fassus sum, fatēri	gestehen, zugeben
6	nam	denn, nämlich

	iaceō, iacuī, iacēre	liegen
	nox, noctis f.	Nacht
7	clamō, clamāre	schreien, laut rufen
10	lectus, ī m.	Liegesofa, Bett
12	nihil	nichts
13	cūr?	warum?
	latus, eris n.	Seite; Hüfte
14	aliquis, aliquid	irgendjemand, irgendetwas
	faciō, fēcī, factum, facere	tun, machen
15	quisquis, quidquid	wer, was auch immer
	bonus, a, um	gut
	malus, a, um	schlecht
17	caelum, ī n.	Himmel

Lernvokabular zu carmen 7

1	quaerō, quaesīvī, quaesītum, quaerere	suchen; fragen
2	satis	genug
3	quam … tam	wie … so
	māgnus, a, um	groß
	numerus, ī m.	Zahl, Anzahl
4	iaceō, iacuī, iacēre	liegen
5	inter (m. Akk.)	zwischen, unter
6	vetus, eris	alt
	sacer, cra, crum	geweiht, heilig
7	sīdus, eris n.	Gestirn, Stern (-bild)
	multī, ae, a	viele, vieles
	taceō, tacuī, tacēre	schweigen, verschweigen
	nox, noctis f.	Nacht
8	homō, hominis m.	Mensch; Mann
	videō, vīdī, vīsum, vidēre	sehen
	amor, ōris m.	Liebe
12	possum, potuī, posse	können, vermögen
	malus, a, um	schlecht, böse
	lingua, ae f.	Zunge; Sprache

Lernvokabular zu carmen 8

1	miser, era, erum	elend, unglücklich
	dēsinō, dēsiī, dēsinere	ablassen, aufhören
2	videō, vīdī, vīsum, vidēre	sehen
	pereō, periī, perīre	zugrunde gehen, verloren gehen
	perdō, didī, ditum, perdere	verlieren; zugrunde richten
	dūcō, dūxī, ductum, dūcere	ziehen; führen; meinen halten für (m. dopp. Akk.)

3	sōl, sōlis m.	Sonne
4	quō	wohin
	puella, ae f.	Mädchen; Geliebte
5	amō, amāre	lieben
	quantum	wie, wie sehr
	nūllus, a, um (Gen. nūllīus; Dat. nūllī)	kein(er)
6	ille, illa, illud	jener
	multī, ae, a	viele
	fiō, factum, fierī (Passiv von facere)	gemacht werden; geschehen; werden
7	volō, voluī, velle	wollen
	nōlō, nōluī, nōlle	nicht wollen
8	vērus, a, um	wahr, echt
10	fugiō, fūgī, fugere	fliehen, meiden
	vīvō, vīxī, vīvere	leben
11	mēns, mentis f.	Verstand, Sinn, Gedanke
	perferō, tulī, lātum, ferre	überbringen; ertragen, aushalten
	valē(-te)!	leb(t) wohl!
13	requīrō, quīsīvī, quīsītum, requīrere	suchen nach, aufsuchen; verlangen
	rogō, rogāre	bitten; fragen; um jdn. werben
	invītus, a, um	unwillig, ungern
14	doleō, doluī, dolēre	Schmerz empfinden, bedauern
15	maneō, mānsī, manēre	bleiben
	vīta, ae f.	Leben
16	adeō, adiī, adīre	herangehen; aufsuchen; bitten
	videor, vīsus sum, vidērī	(er)scheinen
17	dīcō, dīxī, dictum, dīcere	sagen, sprechen; behaupten, nennen

Lernvokabular zu carmen 9

1	omnis, e	jeder, ganz; Pl.: alle, alles
	amīcus, ī m.	Freund
2	mīlle	tausend
3	veniō, vēnī, ventum, venīre	kommen
	domus, ūs f.	Haus
	domum	nach Hause
4	frāter, tris m.	Bruder
	māter, tris f.	Mutter
5	nūntius, ī m.	Bote; Nachricht
	beātus, a, um	glücklich
6	vīsō, vīsī, vīsere	besuchen, aufsuchen
	incolumis, e	unverletzt, wohlbehalten
	audiō, audīvī, audītum, audīre	hören
7	narrō, narrāre	erzählen
	locus, ī m.	Ort, Stelle
	loca, ōrum n.	Orte, Gegend
	factum, ī n.	Tat, Tatsache

	nātiō, ōnis f.	Volk(sstamm)
8	mōs, mōris m.	Sitte, Brauch
9	ōs, ōris n.	Mund, Gesicht
	oculus, ī m.	Auge
10	homō, inis m.	Mensch, Mann
11	quid?	was?
	laetus, a, um	fröhlich, vergnügt
	-ve	oder

Lernvokabular zu carmen 11

1	comes, itis m.	Begleiter, Gefährte
2	sīve … sīve	sei es (dass) … sei es (dass) …
	extrēmus, a, um	äußerster, entferntester, letzter
3	lītus, oris n.	Küste, Strand
	longus, a, um	lang, weit
4	unda, ae f.	Welle, Woge
5	mollis, e	weich, mild; weichlich
9	trāns (m. Akk.)	über, jenseits von
	altus, a, um	hoch; tief
10	vīsō, vīsī, vīsere	betrachten, besichtigen, besuchen
	monumentum, ī n.	Mahnmal, Denkmal
13	omnis, e	jeder, ganz; Pl.: alle, alles
	hic, haec, hoc	dieser
	quīcumque, quaecumque, quodcumque	wer auch immer; jeder, der
	ferō, tulī, lātum, ferre	tragen, bringen; ertragen
	voluntās, tātis f.	Wille
14	temptō, temptāre	betasten; versuchen
	simul	gleichzeitig; zugleich
	parātus, a, um	bereit
15	paucī, ae, a	(nur) wenige
	nuntiō, nuntiāre	melden, verkünden
	puella, ae f.	Mädchen; Geliebte
16	bonus, a, um	gut
	dictum, ī n.	Wort; Ausspruch
17	vīvō, vīxī, vīvere	leben
	valeō, valuī, valēre	gesund sein, stark sein
	valē(-te)!	leb(t) wohl!
18	teneō, tenuī, tenēre	halten; besitzen
19	nūllus, a, um	keiner
	vērus, a, um	wahr, echt
20	rumpō, rūpī, ruptum, rumpere	(zer-)brechen, zerreißen
21	ante, anteā (Adv.)	vorher, früher
	amor, ōris m.	Liebe
22	ille, illa, illud	jener
	culpa, ae f.	Schuld

	cadō, cecidī, casūrum, cadere	fallen; sterben
	velut	(gleich) wie
23	praetereō, praeteriī, praeterīre	vorbei-, vorübergehen
24	tangō, tetigī, tāctum, tangere	berühren

Lernvokabular zu carmen 13

1	apud (m. Akk.)	bei, nahe bei
2	paucī, ae, a	(nur) wenige
	deus, ī m.	Gott
	diēs, diēī m.	Tag
3	afferō, attulī, allātum, afferre	herbei-, mitbringen
	bonus, a, um	gut
	māgnus, a, um	groß
4	puella, ae f.	Mädchen; Geliebte
5	omnis, e	jeder, ganz
6	hic, haec, hoc	dieser
	inquam	sag(t)e ich
7	nam	denn, nämlich
8	plēnus, a, um (m. Gen.)	voll (von)
9	contrā (Adv.)	gegenüber; dafür
	accipiō, accēpī, acceptum, accipere	annehmen, empfangen; vernehmen
10	sīve	oder wenn
	aliquis, aliquid	irgendjemand, irgendetwas
11	dō, dedī, datum, dare	geben
12	donō, donāre	schenken
13	rogō, rogāre	bitten, fragen
14	tōtus, a, um	ganz
	faciō, fēcī, factum, facere	tun, machen (zu)

Lernvokabular zu carmen 23

1	neque … neque	weder … noch
	servus, ī m.	Sklave
2	īgnis, is m.	Feuer
3	pater, tris m.	Vater
4	dēns, dentis m.	Zahn
	possum, potuī, posse	können, vermögen
5	pulcher, pulchra, pulchrum	schön, vortrefflich
6	coniu(n)x, coniugis m./f.	Gatte, Gattin
7	mirus, a, um	wunderbar, erstaunlich
	bonus, a, um	gut
	nam	denn, nämlich
	valeō, valuī, valēre	gesund sein, gelten

	omnis, e	jeder, ganz; Pl.: alle, alles
8	nihil	nichts
	timeō, timuī, timēre	fürchten, Angst haben
9	incendium, ī n.	Brand, Brandstiftung
	gravis, e	schwer, ernst
	ruīna, ae f.	(Ein)sturz, Verderben
10	factum, ī n.	Tat, Handlung
	impius, a, um	gottlos, ruchlos, frevelhaft
	venēnum, ī n.	Gift
11	cāsus, ūs m.	Fall, Zufall
	alius, alia, aliud	ein anderer
	perīculum, ī n.	Gefahr
12	atquī	und doch, aber doch
	corpus, oris n.	Körper
	cornu, ūs n.	Horn; Heeresflügel
13	aliquis, aliquid	irgendjemand, -etwas
	magis	mehr
	habeō, habuī, habēre	haben; halten für
14	sōl, sōlis m.	Sonne
	frīgus, oris n.	Kälte, Frost
15	beātus, a, um	glücklich, zufrieden
16	absum, āfuī, abesse	fehlen, abwesend sein
17	malus, a, um	schlecht
18	hic, haec, hoc	dieser
	addō, addidī, additum, addere	hinzufügen
19	pūrus, a, um	rein, sauber
20	tōtus, a, um	ganz
	annus, ī m.	Jahr
21	dūrus, a, um	hart
22	manus, ūs f.	Hand; Schar
Z3	umquam	jemals
24	commodum, ī n.	Bequemlichkeit, Vorteil
25	nōlō, nōluī, nōlle	nicht wollen
	putō, putāre (m. AcI)	glauben, meinen
	(m. dopp. Akk.)	halten für
	parvī putāre	gering schätzen
26	soleō, solitus sum, solēre (m. Inf.)	pflegen, gewohnt sein
	precor, precātus sum, precāri	bitten (um)
27	centum	hundert
	dēsinō, dēsiī, dēsinere (m. Inf.)	aufhören, ablassen
	satis	genug

Lernvokabular zu carmen 27

3	ut (m. Ind.)	wie
	lēx, lēgis f.	Gesetz, Gebot
	iubeō, iussī, iussum, iubēre	befehlen, anordnen
5	at	aber, jedoch
	quō	wohin
	hinc	von hier
	abeō, abiī, abīre	weggehen
6	perniciēs, ēī f.	Verderben, Untergang
	sevērus, a, um	ernst, streng
7	hīc	hier

Lernvokabular zu carmen 29

1	quis? quid?	wer? was?
	hic, haec, hoc	dieser
	possum, potuī, posse	können, vermögen
	videō, vīdī, vīsum, vidēre	sehen
	patior, passus sum, patī	dulden, zulassen
2	nisī	wenn nicht
3	habeō, habuī, habēre	haben, halten
4	ante, anteā (Adv.)	vorher, früher
5	ferō, tulī, lātum, ferre	tragen, bringen; ertragen
6	ille, illa, illud	jener
	nunc	jetzt, nun
	superbus, a, um	hochmütig, stolz
7	omnis, e	jeder; Pl.: alle, alles
11	nōmen, inis n.	Name, Begriff
	imperātor, ōris m.	Befehlshaber; Feldherr
12	īnsula, ae f.	Insel
13	iste, ista, istud	dieser da
15	alius, alia, aliud	ein anderer
	sinister, tra, trum	links; verkehrt
16	parum (Adv.)	zu wenig
	bona, ōrum n.	Hab und Gut, Vermögen
18	secundus, a, um	der zweite, günstig
	praeda, ae f.	Beute
	inde	von dort; von da an, hierauf
	tertius, a, um	der dritte
19	sciō, scīvī, scīre	wissen, kennen
	amnis, is m.	Fluss, Strom
20	timeō, timuī, timēre (m. Dat.)	fürchten (um)
23	urbs, urbis f.	Stadt; (die Stadt) Rom
24	perdō, perdidī, perditum, perdere	zugrunde richten, verlieren

Lernvokabular zu carmen 30

1	falsus, a, um (m. Dat.)	falsch, heuchlerisch (gegenüber jdm.)
2	dūrus, a, um	hart, gefühllos
	dulcis, e	süß, lieblich
	amīcus, ī m.	Freund
3	prōdō, prōdidī, prōditum, prōdere	verraten, preisgeben
	dubitō, dubitāre (mit Infinitiv)	zögern, Bedenken tragen
	fallō, fefellī, (deceptum), fallere	täuschen, betrügen
4	factum, ī n.	Tat, Handlung
	impius, a, um	gottlos, pflichtvergessen, gewissenlos
	homō, inis m.	Mensch, Mann
	placeō, placuī, placēre	gefallen
5	neglegō, neglēxī, neglēctum, neglegere	vernächlässigen, nicht (be)achten
	miser, misera, miserum	elend, unglücklich
	dēserō, dēseruī, dēsertum, dēserere	im Stich lassen, verlassen
	malum, ī n.	Übel, Leid, Unglück
6	quid?	was?
	faciō, fēcī, factum, facere	tun, machen
	dīcō, dīxī, dictum, dīcere	sagen, sprechen
	-ve	oder
	habeō, habuī, habēre	haben, halten
	fidēs, eī f.	Treue, Vertrauen
7	iubeō, iussī, iussum, iubēre	befehlen, auffordern
	inīquus, a, um	ungleich, ungerecht
8	dūcō, dūxī, ductum, dūcere	ziehen, führen
	amor, ōris m.	Liebe
	quasi	wie wenn, als ob
	tūtus, a, um	sicher, geschützt
	omnis, e	jeder; ganz; Pl.: alle, alles
9	īdem, eadem, idem	derselbe, und auch
	trahō, trāxī, tractum, trahere	ziehen, schleppen
	dictum, ī n.	Wort, Ausspruch
10	ventus, ī m.	Wind
	ferō, tulī, lātum, ferre	tragen, bringen, ertragen
	sinō, sīvī, sinere	lassen, zulassen
11	oblīvīscor, oblītus sum, oblīvīscī	vergessen
	deus, ī m.	Gott
	meminī, meminisse	sich erinnern, daran denken

Lernvokabular zu carmen 31

1	īnsula, ae f.	Insel
2	oculus, ī m.	Auge
	quīcumque, quaecumque, quodcumque	wer auch immer

3	mare, is n.	Meer
	ferō, tulī, lātum, ferre	tragen, bringen
	uterque, utraque, utrumque	jeder (von beiden)
4	libenter (Adv.)	gern
	laetus, a, um	fröhlich, froh, vergnügt
5	vix	kaum
	ipse, ipsa, ipsum	er, sie, es selbst
	crēdō, crēdidī, crēditum, crēdere	glauben; anvertrauen
6	relinquō, reliquī, relictum, relinquere	zurücklassen, verlassen
	campus, ī m.	Ebene, Feld; freier Platz
	videō, vīdī, vīsum, vidēre	sehen
	tūtus, a, um	geschützt, sicher
7	quid?	was?
	solvō, solvī, solūtum, solvere	lösen, befreien
	beātus, a, um	glücklich
	cūra, ae f.	Sorge, Pflege
8	mēns, mentis f.	Geist, Verstand, Gedanke
	onus, eris n.	Last
9	labor, ōris m.	Mühe, Anstrengung
	veniō, vēnī, ventum, venīre	kommen
10	dēsīderō, dēsīderāre	ersehnen, vermissen
	lectus, ī m.	Bett
11	hic, haec, hoc	dieser
	ūnus, a, um	ein einziger, einer
	tantus, a, um	so groß, so viel
12	gaudeō, gavīsus sum, gaudēre (m. Abl.)	sich freuen (über)
13	unda, ae f.	Welle, Woge
14	rīdeō, rīsī, rīsum, ridēre	lachen
	quidquid (m. Gen. partitivus)	was auch immer (an)
	domus, ūs f.	Haus
	domī	zu Hause

Lernvokabular zu carmen 39

1	habeō, habuī, habēre	haben, halten
	dēns, dentis m.	Zahn
2	reus, ī m.	Angeklagter
	veniō, vēnī, ventum, venīre	kommen
3	ōrātor, ōris m.	Redner
	excitō, excitāre	an-, erregen
4	ille, illa, illud	jener
	fīlius, ī m.	Sohn
5	fleō, flēvī, flēre	(be)weinen, beklagen
6	quisquis, quidquid	wer, was auch immer
7	quīcumque, quaecumque, quodcumque	wer, was auch immer
	agō, ēgī, actum, agere	(be)treiben, handeln

	hic, haec, hoc	dieser
	morbus, ī m.	Krankheit; Tick
8	arbitror, arbitrātus sum, arbitrāri	glauben, meinen
9	bonus, a, um	gut
12	āter, ātra, ātrum	schwarz, düster
13	attingō, attigī, attactum, attingere	berühren; zu sprechen kommen auf
14	pūrus, a, um	rein; ehrlich
	lavō, lāvī, lavāre	waschen, säubern
15	nōlō, nōluī, nōlle	nicht wollen
16	nūllus, a, um	kein(er)
17	terra, ae f.	Erde, Land
18	quisque, quaeque, quodque	jeder
	soleō, solitus sum, solēre	gewohnt sein, pflegen
20	iste, ista, istud	dieser da
	quō … eō (m. Komparativ)	je desto

Lernvokabular zu carmen 40

1	quī, quae, quod? (adj. Fragepronomen)	welcher, welche, welches?
	quis, quid? (subst. Fragepronomen)	wer, was?
	malus, a, um	schlecht
	mēns, mentis f.	Verstand; Geist, Gesinnung
	miser, misera, miserum	elend, unglücklich
2	agō, ēgī, āctum, agere	treiben; handeln
	praeceps, praecipitis	Hals über Kopf, blindlings
3	deus, ī m.	Gott
4	parō, parāre (+ Inf.)	vorhaben, im Sinn haben
	excitō, excitāre	anregen, erregen
5	perveniō, -vēnī, -ventum, -venīre	gelangen, hinkommen
	ōs, ōris n.	Mund; Rede
	vulgus, ī n.	Volk, Leute
6	volō, voluī, velle	wollen
	nōtus, a, um	bekannt
	optō, optāre	wünschen
8	longus, a, um	lang; weit
	amō, amāre	lieben
	poena, ae f.	Strafe, Buße

Lernvokabular zu carmen 43

1	parvus, a, um (minor, us; minimus, a, um)	klein (kleiner; am kleinsten)
2	pēs, pedis m.	Fuß; als Längenmaß ca. 30 cm
	oculus, ī m.	Auge
3	longus, a, um	lang, weit

	ōs, ōris n.	Mund; Gesicht
4	sānē (Adv.)	gewiss, in der Tat
	nimis (Adv.)	allzu sehr, über die Maßen
5	amīca, ae f.	Freundin
6	prōvincia, ae f.	Amtsbereich; Provinz
	narrō, narrāre	erzählen, erwähnen
7	comparō, comparāre	vergleichen; erwerben
8	saeculum, ī n.	Zeitalter; Jahrhundert
	sapiēns, ntis	verständig, weise, vernünftig

Lernvokabular zu carmen 46

1	referō, rettulī, relātum, referre	zurückbringen, -führen; berichten
2	caelum, ī n.	Himmel, Wetter, Klima
	furor, ōris m.	Raserei, Wut
3	iūcundus, a, um	angenehm, erfreulich
	aura, ae f.	Luft, Hauch
4	relinquō, relīquī, relictum, relinquere	zurücklassen, verlassen
	campus, ī m.	Feld, Gefilde
5	ager, agrī m.	Acker; Gebiet
6	clārus, a, um	hell, klar, berühmt
	urbs, urbis f.	Stadt
7	mēns, mentis f.	Verstand; Gedanke; Sinn
8	laetus, a, um	fröhlich, munter
	studium, ī n.	Eifer, Streben
	pēs, pedis m.	Fuß
9	dulcis, e	süß, lieblich
	comes, itis m.	Begleiter, Gefährte
10	simul (Adv.)	zugleich, zur gleichen Zeit
	domus, ūs f.	Haus
	proficīscor, profectus sum, proficīscī	aufbrechen, abreisen
11	diversus, a, um	entgegengesetzt, verschieden
	via, ae f.	Weg, Straße
	reportō, reportāre	zurücktragen, -bringen

Lernvokabular zu carmen 49

2	quot	wie viele
3	posteā	später
	alius, alia, aliud	ein anderer
	annus, ī m.	Jahr
4	maximus, a, um	der größte
	grātiās agere	Dank sagen, aussprechen
5	pessimus, a, um	der schlechteste
	omnis, e	jeder, ganz; Pl.: alle, alles

Lernvokabular zu carmen 50

1	diēs, diēī m.	Tag
	ōtium, ī n.	freie Zeit, Muße, Ruhe
2	multum	viel
	lūdō, lūsī, lūdere	spielen, scherzen; dichten
3	convenit (m. AcI)	es passt, schickt sich; es wird vereinbart
4	scrībō, scrīpsī, scrīptum, scrībere	schreiben
	uterque, utraque, utrumque	jeder (von beiden)
	uterque nostrum	jeder von uns (beiden)
5	modo … modo	bald, … bald
	hic, haec, hoc	dieser
	ille, illa, illud	jener
7	abeō, abiī, abīre	weggehen
8	incendō, incendī, incēnsum, incendere	anzünden; entflammen
9	miser, misera, miserum	elend, unglücklich
10	somnus, ī m.	Schlaf
	tegō, tēxī, tēctum, tegere	(be)decken, schützen
	quiētus, a, um	ruhig, gelassen
	oculus, ī m.	Auge
11	tōtus, a, um	ganz
	furor, ōris m.	Wut, Raserei, Leidenschaft
	lectus, ī m.	Liegesofa, Bett
12	cupiō, cupīvī, cupere	wünschen, begehren
	videō, vīdī, vīsum, vidēre	sehen
	lūx, lūcis f.	(Tages-) Licht
13	loquor, locūtus sum, loquī	sprechen, reden
	simul	gleichzeitig, zugleich
14	at	aber
	labor, ōris m.	Anstrengung, Mühe; Kummer
15	iaceō, iacuī, iacēre	liegen
16	faciō, fēcī, factum, facere	machen, tun
17	perspiciō, perspexī, perspectum, perspicere	durchschauen, erkennen
	dolor, ōris m.	Schmerz
18	nunc	jetzt, nun
	audāx, audācis	kühn, frech
	caveō, cāvī, cavēre	sich hüten
	precēs, um f.	Bitten
19	orō, orāre	bitten, beten
20	poena, ae f.	Buße, Strafe
21	vehemēns, ntis	heftig, furchtbar
	dea, ae f.	Göttin
	laedō, laesī, laesum, laedere	verletzen; beleidigen

Lernvokabular zu carmen 51

1	ille, illa, illud	jener
	pār, paris	gleich
	deus, ī m.	Gott
	videor, vīsus sum, vidēri (m. Inf.)	(er) scheinen
2	fās n. (undekliniert)	göttliches Recht, Gebot
	fās est	es ist erlaubt
	superō, superāre	überragen, übertreffen
	dīvus, a, um (Adj. und Subst.)	göttlich; Gott
3	sedeō, sēdī, sedēre	sitzen
4	spectō, spectāre	betrachten, anschauen
	audiō, audīvī, audītum, audīre	hören
5	miser, misera, miserum	elend, unglücklich
	omnis, e	jeder, ganz; Pl.: alle, alles
6	ēripiō, ēripuī, ēreptum, ēripere	entreißen, rauben
	sensus, ūs m.	Sinn, Empfindung
	nam	denn, nämlich
7	aspiciō, aspexī, aspectum, aspicere	erblicken
	nihil	nichts
	supersūm, superfuī, superesse	übrig sein, übrig bleiben
8	vōx, vōcis f.	Stimme
	ōs, ōris n.	Mund; Gesicht
9	lingua, ae f.	Zunge; Sprache
	tenuis, e	dünn, zart, fein
	sub (m. Akk.)	unter … hin, bis in
10	flamma, ae f.	Flamme, Glut
11	auris, is f.	Ohr
	tegō, tēxī, tēctum, tegere	(be) decken
12	lūmen, inis n.	Licht, Augenlicht
	nox, noctis f.	Nacht, Dunkel
13	ōtium, ī n.	Nichtstun, freie Zeit, Muße
14	nimium	zu viel, zu sehr
15	rēx, rēgis m.	König
	prius	früher
	beātus, a, um	glücklich, reich
16	perdō, perdidī, perditum, perdere	zugrunde richten; verlieren
	urbs, urbis f.	Stadt

Lernvokabular zu carmen 52

1	quid?	was?
2	sedeō, sēdī, sedēre	sitzen
3	consulātus, ūs m.	Konsulamt, Konsulwürde

Lernvokabular zu carmen 58

1	ille, illa, illud	jener
2	ūnus, a, um	einzig, einer
3	plūs quam	mehr als
	suī, ōrum m.	die Seinigen, Familienmitglieder
	amō, amāre	lieben
4	nunc	jetzt, nun

Lernvokabular zu carmen 70

1	nūllus, a, um (Gen. nūllīus; Dat. nūllī)	kein(er)
	dīcō, dīxī, dictum, dicere	sagen, behaupten
	mulier, ieris f.	Frau
	mālō, māluī, malle	lieber wollen
2	ipse, ipsa, ipsum	selbst
	petō, petīvī, petitum, petere (m. Akk.)	streben (nach etw.), werben (um jmd.)
3	cupidus, a, um	(be)gierig
	amō, amāre	lieben
4	ventus, ī m.	Wind
	scribō, scrīpsī, scrīptum, scrībere	schreiben
	oportet (m. Inf.)	man muss, es ist nötig
	aqua, ae f.	Wasser

Lernvokabular zu carmen 72

1	quondam	einst
	dīcō, dīxī, dictum, dicere	sagen, behaupten
	sōlus, a, um	allein
	nōvī, nōvisse	kennen, wissen
2	prae (m. Abl.)	vor; im Vergleich zu, gegenüber
	volō, voluī, velle	wollen
	teneō, tenuī, tenēre	halten, besitzen
3	dīligō, dīlēxī, dīlectum, dīligere	hochachten, lieben
	tantum	so sehr, so viel
	vulgus, ī n.	Volk, (breite) Masse
	amīca, ae f.	Freundin
4	pater, tris m.	Vater
5	nunc	jetzt, nun
	cognōscō, cognōvī, cognitum, cognoscere	erkennen, kennenlernen
6	tamen	dennoch, trotzdem
	levis, e	leicht; unbedeutend; gleichgültig
7	amō, amāre	lieben
	iniūria, ae f.	Unrecht, Beleidigung

tālis, e	solch ein
8 cōgō, coēgī, coāctum, cōgere	zusammentreiben; zwingen
bene velle	zugetan sein, Zuneigung empfinden

Lernvokabular zu carmen 73

1 dēsinō, dēsiī, dēsinere (m. Inf.)	aufhören, ablassen
quisquam, quicquam	irgendjemand, -etwas
bene (Adv.)	gut
volō, voluī, velle	wollen
mereor, meritus sum, merēri (de aliquo)	sich verdient machen (um jemanden)
2 aliquis, aliquid	irgendjemand, -etwas
fīō, factum, fierī	werden; geschehen; gemacht werden
possum, potuī, posse	können, vermögen
putō, putāre	glauben, meinen
(m. dopp. Akk.)	halten für
3 omnis, e	jeder, ganz; Pl.: alle, alles
nihil	nichts
faciō, fēcī, factum, facere	tun, machen
4 prōsum prōfuī, prōdesse	nützen, nützlich sein
immō	(nach Negation) im Gegenteil, vielmehr
etiam	auch, sogar
magis	mehr
5 nēmo	niemand
gravis, e	schwer, hart
acerbus, a, um	bitter; rücksichtslos
6 modo (Adv.)	eben gerade
ūnus, a, um	ein(er), einziger
amīcus, ī m.	Freund
habeō, habuī, habēre	haben, halten; halten für

Lernvokabular zu carmen 76

1 aliquī, aliqua, aliquod	irgendein
beneficium, ī n.	Wohltat, gute Tat
prior, ius	früherer
voluptas, tātis f.	Vergnügen, Lust
2 homō, hominis m.	Mensch; Mann
cogitō, cogitāre	(be)denken, überlegen
pius, a, um	pflichtbewusst
3 sanctus, a, um	unverletzlich, heilig
violō, violāre	verletzen
fidēs, eī f.	Treue, Glaubwürdigkeit
foedus, eris n.	Treuebund, Vertrag
ūllus, a, um (in verneinten Sätzen)	ein

4	dīvus, a, um (Adj. und Subst)	göttlich; Gott
	fallō, fefellī, (dēceptum), fallere	täuschen
	numen, inis n.	(göttliche) Macht, Wille
5	multī, ae, a	viele
	parō, parāre	(vor)bereiten
	maneō, mānsī, manēre	bleiben; erwarten
	longus, a, um	lang, weit
	aetās, tātis f.	Lebenszeit, Leben; Zeitalter
6	hic, haec, hoc	dieser
	gaudium, ī n.	Freude, Wonne
	amor, ōris m.	Liebe
7	nam	denn, nämlich
	quīcumque, quaecumque, quodcumque	wer auch immer; jeder, der
	quisquam, quidquam (in verneinten Sätzen)	jemand, etwas
	dīcō, dīxī, dictum, dīcere	sagen, sprechen
	possum, potuī, posse	können, vermögen
8	faciō, fēcī, factum, facere	machen, tun
9	omnis, e	jeder; ganz; Pl.: alle, alles
	pereō, periī, perīre	zugrunde gehen
	crēdō, crēdidī, crēditum, crēdere	glauben, anvertrauen
	mēns, mentis f.	Verstand, Gedanke; Gesinnung
10	quārē (relat. Satzanschluss)	daher, deshalb
	iam	schon; noch
	cūr?	warum?
	amplus, a, um	weit, geräumig; groß
11	animus, ī m.	Geist, Mut; Gesinnung
	redūcō, redūxī, reductum, redūcere	zurückziehen
12	deus, ī m.	Gott
	invītus, a, um	ungern, unwillig
	dēsinō, dēsiī, dēsinere	aufhören, ablassen
	miser, misera, miserum	elend, unglücklich
13	difficilis, e	schwierig
	subitō	plötzlich
	dēpōnō, dēposuī, dēpositum, dēpōnere	ablegen, niederlegen; aufgeben
14	vērum	aber
	efficiō, effēcī, effectum, efficere	bewirken, erreichen, schaffen
15	ūnus, a, um	einer; ein einziger
	salūs, ūtis f.	Wohlergehen, Heil, Rettung
16	sīve … sīve	sei es (dass) … sei es (dass)
17	umquam	jemals
18	ipse, ipsa, ipsum	selbst, gerade
	mors, mortis f.	Tod
	ferō, tulī, lātum, ferre	tragen, bringen; ertragen
19	aspiciō, aspexī, aspectum, aspicere	an-, erblicken
	agō, ēgī, actum, agere	(be)treiben; handeln, verhandeln
	vītam agere	ein Leben führen

	pūrus, a, um	rein; ehrlich
20	ēripiō, ēripuī, ēreptum, ēripere	entreißen
	perniciēs, ēī f.	Verderben; Untergang
22	expellō, expulī, expulsum, expellere	vertreiben, verbannen
	pectus, pectoris n.	Brust; Herz, Gemüt
	laetitia, ae f.	Freude, Fröhlichkeit
23	ille, illa, illud	jener
	quaerō, quaesīvī, quaesītum, quaerere	suchen; verlangen
	dīligō, dīlēxī, dīlectum, dīligere	hochachten, lieben
24	volō, voluī, velle	wollen
25	valeō, valuī, valēre	gesund sein; Einfluss haben
	optō, optāre	wünschen
	morbus, ī m.	Krankheit
26	reddō, reddidī, redditum, reddere	zurückgeben, erstatten
	pietās, tātis f.	Pflichtgefühl, -erfüllung

Lernvokabular zu carmen 83

1	praesēns, ntis	anwesend, gegenwärtig
	vir, ī m.	Mann
	malum, ī m.	Übel, Böses
	plurīmī, ae, a	die meisten, sehr viele
	dīcō, dīxī, dictum, dīcere	sagen, sprechen
2	hic, haec, hoc	dieser
	ille, illa, illud	jener
	maximus, a, um	größter
	laetitia, ae f.	Freude, Fröhlichkeit
3	nihil	nichts
	sentiō, sēnsī, sēnsum, sentīre	(be)merken, empfinden
	oblīvīscor, oblītus sum, oblīvīscī (m. Gen.)	(etw.) vergessen
	taceō, tacuī, tacēre	(ver)schweigen
4	sānus, a, um	gesund; vernünftig
	nunc	jetzt, nun
5	non sōlum … sed (etiam)	nicht nur … sondern auch
	memīnī, meminisse	sich erinnern, daran denken
	ācer, ācris, ācre	scharf, spitz, schlimm
	rēs, reī f.	Sache, Angelegenheit
6	īrātus, a, um	zornig
	loquor, locūtus sum, loquī	sprechen, reden

Lernvokabular zu carmen 85

1	ōdī, ōdisse	hassen
	amō, amāre	lieben
	quārē?	warum?, weshalb?
	faciō, fēcī, factum, facere	tun, machen
	fortāsse	vielleicht
	requīrō, requīsīvī, requīsītum, requīrere	suchen, fragen
2	nesciō, nescīvī, nescīre	nicht wissen
	fīō, factum, fierī	werden, geschehen, gemacht werden
	sentiō, sēnsī, sēnsum, sentīre	fühlen, empfinden, (be)merken

Lernvokabular zu carmen 93

1	nihil	nichts; überhaupt nicht
	nimium	allzu sehr
	studeō, studuī, studēre (m. Dat)	sich bemühen, streben (nach)
	volō, voluī, velle	wollen
	placeō, placuī, placēre	gefallen
2	sciō, scīvī, scīre	wissen, kennen
	utrum … an	ob … oder
	āter, ātra, ātrum	schwarz

Lernvokabular zu carmen 95

1	dēnique	zuletzt, endlich
2	incipiō, coepī, coeptum, incipere	beginnen, anfangen
	ēdō, ēdidī, ēditum, ēdere	herausgeben
	hiems, hiemis f.	Winter
3	mīlia, ium	tausende
	ūnus, a, um	ein einziger, einer
4	annus, ī m.	Jahr
5	mittō, mīsī, missum, mittere	schicken
	unda, ae f.	Welle, Woge
6	diū	lange, lange Zeit
	saeculum, ī n.	Jahrhundert
7	morior, mortuus sum, morī	sterben
	ipse, ipsa, ipsum	selbst
8	saepe	oft
	dō, dedī, datum, dare	geben
9	parvus, a, um	klein
	cor, cordis n.	Herz
	monumentum, ī n.	Denkmal
10	populus, ī m.	Volk
	gaudeō, gavīsus sum, gaudēre (m. Abl.)	sich freuen (an etw.)

Lernvokabular zu carmen 101

1	multī, ae, a	viele
	gēns, gentis f.	Geschlecht, Stamm, Volk
	vehor, vectus sum, vehī	fahren
2	hic, haec, hoc	dieser
	miser, misera, miserum	unglücklich, traurig, elend
	frāter, tris m.	Bruder
3	postrēmus, a, um	letzter; geringster
	donō, dōnāre	schenken
	mors, mortis f.	Tod
5	fortūna, ae f.	Schicksal, Glück
	auferō, abstulī, ablātum, auferre	wegbringen, rauben
	ipse, ipsa, ipsum	selbst
6	adimō, adēmī, ademptum, adimere	wegnehmen
7	nunc	jetzt, nun
	tamen	dennoch, gleichwohl
	mōs, mōris m.	Sitte, Brauch, Tradition
	parentēs, um m.	Eltern; Väter, Vorfahren
8	trādō, trādīdī, trāditum, trādere	übergeben, überliefern
	trīstis, e	traurig, schmerzlich
9	accipiō, accēpī, acceptum, accipere	annehmen, empfangen
	multum	viel, sehr
	fleō, flēvī, flēre	weinen, beklagen
10	perpetuus, a, um	ununterbrochen, ewig

Lernvokabular zu carmen 105

1	cōnor, cōnātus sum, cōnārī	versuchen
	mōns, montis m.	Berg
2	praeceps, praecipitis	kopfüber, steil

Lernvokabular zu carmen 109

1	iūcundus, a, um	erfreulich, freudvoll
	vīta, ae f.	Leben
	amor, ōris m.	Liebe
2	hic, haec, hoc	dieser
	perpetuus, a, um	ununterbrochen
3	deus, ī m.	Gott
	magnus, a, um	groß
	faciō, fēcī, factum, facere	tun, machen
	vērus, a, um	wahr, echt, wirklich
	prōmittō, promīsī, promissum, promittere	versprechen

	possum, potuī, posse	können
4	dīcō, dīxī, dictum, dīcere	sagen, sprechen
	animus, ī m.	Seele; Geist; Gesinnung
5	licet (m. Inf)	es ist erlaubt
	tōtus, a, um	ganz, vollständig
	perdūcō, perdūxī, perductum, perdūcere	hin(durch)führen, fortführen, -setzen
6	aeternus, a, um	ewig
	sanctus, a, um	unverletzlich, heilig, ehrwürdig
	foedus, eris n.	Treuebund, Bündnis; Vertrag
	amīcitia, ae f.	Freundschaft

Lernvokabular zu carmen 113

1	cōnsul, ulis m.	Konsul
	prīmum	zum ersten Mal
	duo, duae, duo	zwei
	soleō, solitus sum, solēre	gewohnt sein, pflegen
2	faciō, fēcī, factum, facere	tun, machen
	aliquem consulem facere	jemanden zum Konsul machen
	nunc	jetzt, nun
	iterum	zum zweiten Mal, wiederum
3	maneō, mānsī, manēre	bleiben
	crēscō, crēvī, crēscere	wachsen, hinzukommen
	mīlle	tausend
	ūnus, a, um	ein(er), ein einziger
4	singulī, ae, a	je ein

Eigennamenverzeichnis

Adōneus, ī	Adonis, jugendlich schöner Geliebter der Venus (c. 29,8)
Ālfēnus, ī	treuloser Freund Catulls (c. 30,1)
Alpēs, ium f.	die Alpen (c. 11,9)
Amāstris, idis f.	Küstenstadt in Paphlagonien am Schwarzen Meer (c. 4,13)
Antimachus, ī	griechischer Epiker (ca. 400 v. Chr.), der nach dem Vorbild Homers das Epos „Thebais" in 24 Büchern verfasste, das von den Gegnern der alexandrinischen Dichterschule bewundert wurde (c. 95,10)
Arabēs, um	Araber (c. 11,5)
Asia, ae	die römische Provinz Kleinasien; in etwa mit der heutigen Türkei identisch (c. 46,6)
Aurēlius, ī	von Catull verspotteter Zeitgenosse (c. 11,1)
Battus, ī	sagenhafter Gründer von Cyrene (c. 7,6)
Bīthūnus, a, um	bithynisch; Adj. zu Bithūnia, einer Gegend im Norden Kleinasiens (c. 31,5)
Britannia, ae	Britannien (c. 29,4)
Britannī, ōrum	Britannier (c. 11,12)
Caelius, ī	Zeitgenosse Catulls (c. 58,1)
Caesar, aris	C. Julius Caesar (100–44 v. Chr.), römischer Feldherr und Politiker, machte Gallia transalpina in mehreren Feldzügen zu einer römischen Provinz (c. 11, 10; c. 29, 5, 9, 11,24; c. 93,1).
Castōr, oris	Castor und Pollux, auch Dioskuren genannt, waren als Doppelstern den Seefahrern hilfreich und galten als ihre Schutzpatrone (c. 4,27).
Catullus, ī	Gāius Valerius, der Dichter (c. 6,1; c. 11,1, c. 13,7; c. 46,4; c. 49,4; c. 51,13; c. 52,1,4, c. 58,2; c. 76,5)
Celtibēr, ērī	Einwohner von Celtiberia, einer Gegend in Nordspanien (c. 39,17)
Cicerō, ōnis	Marcus Tullius Cicerō, berühmter Redner und Anwalt (c. 49,2)
Cinna, ae	C. Helvius Cinna gehörte zum Kreis der Neoteriker und war ein enger Freund Catulls. Nach dem Tode Catulls betätigte er sich politisch auf Seiten Caesars und wurde als Volkstribun aufgrund einer Verwechslung mit L. Cornēlius Cinna 44 v. Chr. erschlagen (c. 95,1; c. 113,1).
Cupīdō, inis	Sohn der Venus, Liebesgott (c. 3,1; c. 13,12)

Cycladēs, um f.	Kykladen, Inselgruppe in der Ägäis (c. 4,7)
Cȳrēnae, ārum	Kyrene; Hauptstadt der Kyrenaika, im Norden Lybiens gelegen, und Geburtsstadt des griechischen Gelehrten und Dichters Kallimachos (310–240 v. Chr.), dessen Dichtung für die Neoteriker Vorbildfunktion hatte (c. 7,4).
Cytōrus, ī	Höhenzug in Paphlagonien (4,13)
Egnātius, ī	Zeitgenosse Catulls (c. 39,1,9)
Etruscus, ī	Etrusker (c. 39,11)
Fabullus, ī	Freund Catulls (c. 13,1)
Falernum, ī	Falernerwein (c. 27,1)
Fidēs, eī f.	römische Göttin der Treue (c. 30,11)
Flāvius, ī	Freund Catulls (c. 6,1)
Formiānus, a, um	Adjektiv zu Formiae, einer Stadt in Latium (c. 43,5)
Fūrius, ī	Zeitgenosse Catulls (c. 11,1; c. 23,1,24)
Gallia, ae	Gallien (c. 29,3,20)
Gallicus, a, um	gallisch, Adjektiv zu Gallia (c. 11,11)
Hadriāticum, ī	das adriatische Meer (c. 4,6)
Hibērēs, um m.	Iberer, Bewohner der iberischen Halbinsel (c. 9,6)
Hibērus, a, um	Adjektiv zu Hiberes (c. 29,19)
Hortēnsius, ī	Der als Redner bekannte Q. Hortensius Hortalus (114–50 v, Chr.) war auch schriftstellerisch tätig. Er verfasste eine Geschichte des marsischen Krieges in Form der alten epischen Annalen (c. 95,3).
Hyrcānī, ōrum	Hyrkaner; Volk an der Südküste des kaspischen Meeres (c. 11,5)
Indī, ōrum	Inder (c. 11,2)
Ītalī, ōrum	Italer; Bewohner Italiens (c. 1,5)
Iuppiter, Iovis m.	höchster Gott der Römer (c. 1,7, c. 4,20; c. 7,5; c. 70,2; c. 72,2)
Lānuvīnus, ī	Bewohner von Lānuvium, einer Stadt in Latium (c. 39,12)
Lār, Laris m.	römischer Hausgott (c. 31,9)
Lesbia, ae	dichterischer Name für Catulls Geliebte. Mit der Wahl dieses Namens gab Catull zu verstehen, dass Lesbia ihn wie die aus Lesbos stammende ‚zehnte Muse' Sappho inspiriere. Die griechische Dichterin Sappho lebte um 600 v. Chr. Sie schuf die sapphische Strophe, die Catull

	in c. 11 und c. 51 verwendet (c. 5,1; c. 7,2; c. 43,7; c. 51,7; c. 58,1,2; c. 72,2; c. 83,1; c. 92,1,2).
Libyssus, a, um	lybisch, Adjektiv zu Libya, einer Gegend in Nordafrika (c. 7,3)
Licinius, ī	C. Licinius Calvus (82–47 v. Chr.), Dichterkollege und Freund Catulls (c. 50,1,8). Licinius schrieb ein mythologisches Epyllion „Io", Hochzeitslieder, satirische Epigramme auf Caesar und Pompeius und eine Elegie auf den Tod seiner Gattin Quintilia.
Lȳdius, a, um	lydisch = etruskisch (c. 31,13)
Maecilia, ae	Name einer Frau (c. 113,2)
Māmurra, ae m.	Römischer Ritter aus Formiae (vgl. c. 43,5), der als Offizier in Caesars Diensten stand. Während der Eroberung Galliens bereicherte er sich derart, dass er sich einen marmorverkleideten Palast in Rom leisten konnte (c. 29,3).
Mentula, ae	Spitzname für Mamurra (c. 105,1)
Mūsae, ārum	Die neun Musen sind Göttinnen der Künste v. a. der Musik und der Dichtkunst. Sie inspirieren die Dichter zum Schaffen (c. 105,2).
Nemesis, eōs f.	Göttin der Rache, die Hochmut und Überheblichkeit bestraft (c. 50,20).
Nepos, Cornēlius	Cornēlius Nepos (ca. 100–25 v. Chr.) verfasste Biographien bedeutender Römer („De viris illustribus") und schrieb eine Weltgeschichte („Chronica"), die verloren ging. Nepos stammte wie Catull aus Norditalien (Gallia Cisalpīna).
Neptūnus, ī	Gott der Meere und Binnenseen (c. 31,3)
Nīcaea, ae f.	Hauptstadt von Bithynen (c. 46,5)
Nīlus, ī	der Nil (c. 11,8)
Nōnius, ī	Name eines politischen Handlangers der Triumvirn, der für seine Dienste mit dem kuralischen Amt eines Ädils oder Prätors belohnt wurde (c. 52,2).
Orcus, ī	Gott der Unterwelt (c. 3,14)
Padua, ae f.	Name für die breite, schiffbare südliche Pomündung (c. 95,7)
Parthī, ōrum	Parther, orientalischer Volksstamm zwischen dem Kaspischen Meer und dem Persischen Golf (c. 11,6)

Penātēs, ium m.	Penaten; römische Hausgötter, Beschützer von Familie und Staat (c. 9,3)
Phrygius, a, um	Adjektiv zu Phrygia, einer Gegend in Kleinasien (c. 46,4)
Piplēus mōns	Der pi(m)pleische Berg ist ein den Musen heiliger Berg im Osten der nordgriechischen Landschaft Pierien (c. 105,1).
Pompeius, ī	Cn. Pompēius Māgnus (106–48 v. Chr.), Feldherr und Politiker zur Zeit Caesars, bekleidete sein erstes Konsulat im Jahre 70 v. Chr., sein zweites im Jahre 55 v. Chr. (c. 29,24; c. 105,1).
Pontus, ī	südliche Küstenlandschaft des Schwarzen Meeres
Ponticus, a, um	Adjektiv zu Pontus, einer Gegend am Schwarzen Meer (c. 4,9,13; c. 29,18)
Postumia, ae	Name einer Römerin (c. 27,3)
Propontis, idis f.	das Marmarameer zwischen Hellespont und dem Bosporus (c. 4,9)
Ravidus, ī	Zeitgenosse Catulls (c. 40,1)
Remus, ī	Zwillingsbruder des Romulus (c. 58,5)
Rhēnus, ī	der Rhein (c. 11,11)
Rhodus, ī f.	griechische Insel im Mittelmeer (c. 4,8)
Rōmulus, ī	Zwillingsbruder von Remus und Gründer Roms (c. 49,1)
Sabīnus, ī	Sabiner; Angehöriger eines im Nordwesten von Rom ansässigen Volksstammes (c. 39,10)
Sagae, ārum m.	Saker; Völkerschaft im Norden des Perserreiches, im Gebiet des heutigen Afghanistan (c. 11,6)
Satrachus, ī	Fluss auf Zypern (c. 95,5)
Sirmiō, ōnis f.	Halbinsel am Südufer des Gardasees, wo Catull ein Landhaus besaß (c. 31,1,12).
Syrius, a, um	Adjektiv zu Syria, einer Gegend zwischen Palestina und Cilicien (c. 6,8)
Tagus, ī	der Tajo, Fluss in Spanien und Portugal (c. 29,19)
Thrācius, a, um	Adjektiv zu Thracia, einer Gegend östlich von Makedonien (c. 4,8)
Thūnia, ae	Thynien; Landschaft im Norden Kleinasiens (c. 31,5)
Thyōniānus, ī	Beiname des Dionysos, Gott des Weines (c 27,7)
Tīburs, rtis	Einwohner von Tibur, einer Stadt in Latium; das heutige Tivoli (c. 39,10)
Trānspadānus, ī	Bewohner der Gegend jenseits des Po, der Heimat Catulls (c. 39,13)

Tullius, ī	siehe Cicero (c. 49, 2)
Umber, rī m.	Bewohner Umbriens, östlich von Etrurien gelegen (c. 39, 11)
Vatīnius, ī	Römischer Adliger, der 59 v. Chr. als Volkstribun im Sinne der Triumvirn agierte und dafür mit ihrer Hilfe 55 v. Chr. zum Prätor gewählt wurde. Ab diesem Zeitpunkt konnte er sich auch berechtigte Hoffnungen auf das Konsulat machen und scheint damit in der Öffentlichkeit geprahlt zu haben. Tatsächlich ist er im Jahre 47 v. Chr. Konsul geworden (c. 52, 3).
Venus, eris f.	Göttin der Liebe (c. 3, 1; c. 13, 12)
Verānius, ī	Freund Catulls (c. 9, 1)
Volūsius, ī	Verfasser von Annalen in epischer Manier (c. 95, 7)
Zephyrus, ī	der Westwind (c. 46, 3)
Zmyrna, ae	Titel eines Epyllion des Helvius Cinna (c. 95, 1, 5, 6)

Literaturverzeichnis

1. Textausgaben und Kommentare

Catull, Sämtliche Gedichte, Lateinisch/Deutsch, übersetzt und herausgegeben von M. v. Albrecht, Heidelberg 1995

Catull, Gedichte (1–16, 69–116), lateinisch-deutsch, herausgegeben, übersetzt und erläutert von W. Eisenhut, Düsseldorf/Zürich 1999

Catull, herausgegeben und erklärt von W. Kroll, Stuttgart ^{5}1968

C. Valerii Catulli Carmina, ed. R. A. B. Mynors, Oxford ^{6}1980

Catull, Sämtliche Gedichte, Lateinisch und deutsch, herausgegeben und übersetzt von O. Weinreich, München 1974

2. Literatur zu Catull und seiner Dichtung

K. Büchner, Die römische Lyrik, Stuttgart 1976, S. 13–66

E. Burck, Vom Sinn des Otium im alten Rom, in: H. Oppermann (Hg.), Römische Wertbegriffe, Wege der Forschung, Bd. 34, Darmstadt 1974, S. 503–515

St. Commager, Anmerkungen zu einigen Gedichten Catulls, in: R. Heine (Hg.), Catull, Wege der Forschung, Bd. 38, Darmstadt 1975, S. 201–240

F. E. Copley, Gefühlskonflikte und ihre Bedeutung in den Lesbiagedichten, in: R. Heine (Hg.), Catull, Wege der Forschung, Bd. 38, Darmstadt 1975, S. 284–306

H. Drexler, Das Staatsdenken der Römer, in: Gymnasium 61 (1954), S. 168–190

W. Ferrari, Catulls Carmen 51, in: R. Heine (Hg.), Catull, Wege der Forschung, Bd. 38, Darmstadt 1975, S. 241–261

R. Heine, Catull, Interpretationen, Frankfurt 1970.

Kissel, W., Der Spatz und das Mädchen. Catulls Passer-Gedichte, in: P. Neukam (Hg.), Umgang mit dem Erbe der Antike. Dialog Schule und Wissenschaft, Bd. 30, München 1996, S. 34–47

F. Klingner, Römische Geisteswelt, Stuttgart ^{5}1979, S. 218–238

A. Lambert, Sallust, Historische Schriften, München 1983

E. Lefèvre, Otium und Tolman, Catulls Sappho-Gedicht c. 51; in: Rheinisches Museum 131 (1998), S. 325–337

G. Lieberg, Puella divina. Die Gestalt der göttlichen Geliebten bei Catull im Zusammenhang der antiken Dichtung. Amsterdam 1962

G. Luck, Die römische Liebeselegie, Heidelberg 1961, S. 43–62

E. Schäfer, Das Verhältnis von Erlebnis und Kunstgestalt bei Catull, Wiesbaden 1966

Ch. P. Segal, Catull c. 5 und c. 7: Gegensätze und Entsprechungen, in:

R. Heine (Hg.), Catull, Wege der Forschung, Bd. 38, Darmstadt 1975, S. 262–283

H. P. Syndikus, Catull – Eine Interpretation, Teil 1 und 3 Darmstadt 1984 und 1987

O. Weinreich, Die Distichen des Catull, Tübingen 1926

Internetadressen

WWW – Server zum Thema ‚Schule und Unterricht'

Deutscher Bildungsserver: http://www.dbs.schule.de
Schulen ans Netz e.V.: http://www.san-ev.de

Latein

http://www.lateinforum.de

Latinistik Erlangen
http://www.phil.uni-erlangen.de/~p2latein/home.html

Oneline-Magazine zur Altertumswissenschaft
http://www.uni-konstanz.de/ZE/Bib/zs/zsant.html

Imperium Romanum
http://www.romanum.de/

Latein – Kultur
http://www.kreienbuehl.ch/lat/latein/kultur/kulturx.html
http://www.w-4.de/tbhahfn/latlink.htm

Romarch – Rom und seine Provinzen (engl.)
http://www.umich.edu/~pfoss/ROMARCH.html

Library of Congress (engl.)
http://lcweb.loc.gov/global/classics/claslink/html

Kentucky Classics – Lateinmaterial für den Unterricht (engl.)
http://www.uky.edu/ArtsSciences/Classics/schools.html

Catull

http://www.users.globalnet.co.uk/~loxias/catullus.htm
http://patriot.net/~lillard/cp/catullus.html

Museen – Ausstellungen

Museen und Ausstellungen im deutschsprachigen Raum
http://WebMuseen.de/

AERIA – Antikensammlung Erlangen (Virtuelles Museum)
http://www.phil.uni-erlangen.de/~p1altar/aeriahome.html

The Artchive (engl.)
http://www.artchive.com/

Site officiel du musée du Louvre (engl., franz., span.)
http://www.louvre.fr

The Museum of Modern Art (engl.)
http://www.moma.org

Kataloge

Yahoo
http://www.yahoo.de

Dino – Online
http://www.dino-online.de/seiten.html

Web.de
http://www.web.de

Suchmaschinen

AltaVista
http://www.altavista.telia.com/de/

Google
http://www.google.com

Lycos
http://www.-german.lycos.com

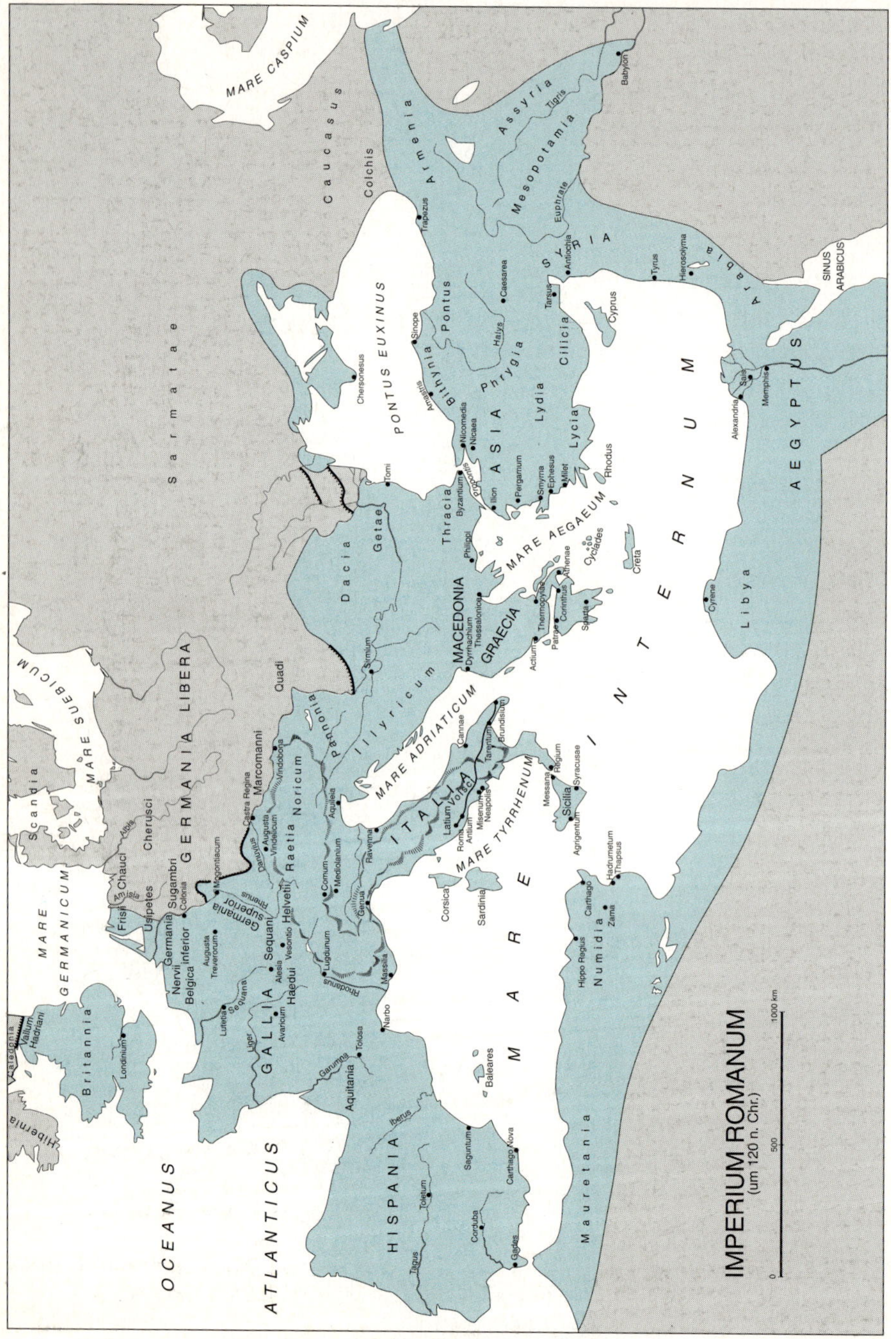
IMPERIUM ROMANUM
(um 120 n. Chr.)
0
500
1000 km
MARE CASPIUM
Caucasus
Colchis
Armenia
Assyria
Tigris
Mesopotamia
Euphrat
Babylon
Trapezus
SYRIA
Antiochia
Arabia
SINUS ARABICUS
Tyrus
Hierosolyma
Caesarea
Tarsus
Cyprus
Pontus
Sinope
Halys
Bithynia
Amastris
PONTUS EUXINUS
Chersonesus
Sarmatae
ASIA
Phrygia
Lydia
Cilicia
Lycia
Nicomedia
Nicaea
Byzantium
Propontis
Ilion
Pergamum
Smyrna
Ephesus
Milet
Rhodus
Tomi
Thracia
Philippi
MARE AEGAEUM
Cyclades
Creta
Athenae
Corinthus
Sparta
Thermopylae
Patrae
Actium
GRAECIA
MACEDONIA
Thessalonica
Dyrrhachium
Dacia
Getae
Sirmium
Illyricum
Pannonia
Quadi
Marcomanni
Vindobona
Noricum
Aquileia
MARE ADRIATICUM
Cannae
Tarentum
Brundisium
Rhegium
Messana
Syracusae
Sicilia
Agrigentum
MARE TYRRHENUM
ITALIA
Volsci
Latium
Roma
Antium
Misenum
Neapolis
Ravenna
Mediolanum
Comum
Genua
Corsica
Sardinia
Raetia
Augusta Vindelicum
Castra Regina
Danuvius
Helvetii
GERMANIA LIBERA
Cherusci
Chauci
Albis
Amisia
Frisii
Usipetes
Sugambri
Mogontiacum
Colonia
Germania inferior
Germania superior
Rhenus
Sequani
Vesontio
Augusta Treverorum
Nervii
Belgica
Alesia
Haedui
Lugdunum
Rhodanus
Massilia
Narbo
Lutetia
Sequana
Liger
Avaricum
GALLIA
Tolosa
Garumna
Aquitania
HISPANIA
Iberus
Saguntum
Carthago Nova
Toletum
Tagus
Corduba
Gades
Baleares
Scandia
MARE SUEBICUM
MARE GERMANICUM
Britannia
Londinium
Vallum Hadriani
Caledonia
Hibernia
OCEANUS
ATLANTICUS
MARE INTERNUM
Mauretania
Numidia
Hippo Regius
Carthago
Zama
Hadrumetum
Thapsus
Libya
Cyrene
AEGYPTUS
Alexandria
Sais
Memphis